跟任何人都能聊得来

李金水◎著

江西美术出版社
JIANGXI FINE ARTS PUBLISHING HOUSE

图书在版编目（CIP）数据

跟任何人都能聊得来 / 李金水著 . -- 南昌：江西美术出版社，2017.5（2019.7 重印）

ISBN 978-7-5480-4344-7

Ⅰ . ①跟… Ⅱ . ①李… Ⅲ . ①人际关系学—通俗读物 Ⅳ . ① C912.1-49

中国版本图书馆 CIP 数据核字（2017）第 033264 号

出 品 人：周建森
企　　划：北京江美长风文化传播有限公司
策　　划：北京兴盛乐书刊发行有限责任公司
责任编辑：王国栋　楚天顺　李小勇
版式设计：曹　敏
责任印制：谭　勋

跟任何人都能聊得来

作　　者：李金水

出　　版：江西美术出版社
社　　址：南昌市子安路 66 号江美大厦
网　　址：http：//www.jxfinearts.com
电子信箱：jxms@jxfinearts.com
电　　话：010-82093808　　0791-86566124
邮　　编：330025
经　　销：全国新华书店
印　　刷：北京柯蓝博泰印务有限公司
版　　次：2017 年 5 月第 1 版
印　　次：2019 年 7 月第 7 次印刷
开　　本：880mm × 1280mm　1/32
印　　张：7
ISBN 978-7-5480-4344-7
定　　价：26.80 元

前　言

Preface

戴尔·卡耐基说："一个人成功的因素，归纳起来15%得益于他的专业知识，85%得益于良好的社交能力。"

歌德说："人不能孤独地生活，他需要社会。"

我们都知道没有人是一座孤岛，工作、生活都离不开与人交往。交际技巧是一个成功的人必须具备的技能，社会交际现在越来越受到重视，良好的交际能力能让一个人提升工作能力，在职场中如鱼得水，能让你交到更多的朋友。

美国前总统克林顿还在念大学的时候，就习惯把见过的人都一一记下来。他把这些人的名字写在资料卡上，不时打电话或写信给他们。连他同这些人谈话的内容、他们的回信等，他都详细地记录、保存好。后来他竞选阿肯色州州长时，他已拥有超过10 000张的资料卡档案，这些人后来统称为"比尔的朋友"。正是这些朋友，帮助克林顿一步步走向事业的巅峰。

在交际过程中，人不能不说话。朱自清说："说话并不是一件容易事，天天说话，不见得就会说话；许多人说了一辈子话，没有说好过几句话。所谓'辩士的舌锋''三寸不烂之舌'等赞词，正是物以稀为贵的证据。我们并不想做辩士、说客、文人，但人生不外言动，除了动就只有言了，所谓人情世故，一半是在说话里。”

聊天看似是件简单而又平凡的事情，下班后三五好友聊聊天，能消除一天工作的压力；工作间隙同事们聊聊天，可以起到增进了解、提高工作效率的作用；而家人之间的聊天，不仅是每天生活的润滑剂，更是家庭成员间感情交流必不可少的部分。

聊天虽然是件“小事”，但是也需要花精力练习的，不是随随便便张开口就说。试想如果克林顿在说话时不讲究策略，又怎能有这么多拥护者，又怎能坐上总统的宝座呢。所谓“良言一句三冬暖，恶语伤人六月寒。”特别是想通过聊天解决问题的时候，试着改变自己的表达方式，这样不仅能做到有效沟通，更能收获好人缘。

《跟任何人都能聊得来》是一本交际口才指导书。它告诉我们，人的聊天技巧并不是天生就有的，而是可以在后天环境熏陶和有意识的培养下获得的。本书通过通俗易懂的事例和小故事，深入浅出地点透成功社交的小窍门，告诉你在不同场合下，与不同的人如何打交道、交朋友，让你轻松成为一个会说话、会聊天、会做人的社交达人。

你想要改变命运吗？那就要学会改变自己！你想要改变自己吗？那就从读这本书开始吧！

目 录

Contents

CHAPTER 1 一开口，让所有人都喜欢你

CHAPTER 2 情商高，说话得体让人舒服

CHAPTER 7 肯倾听，别人就会谈得开

CHAPTER 8 有分寸，把话说得恰到好处

CHAPTER 1

一开口，让所有人都喜欢你

与人交往谈话时有一个良好的开端极其重要，如果你说出的第一句话准确得体并能赢得对方的好感，那么聊天自然就会十分容易地深入下去。相反，如果你说出的话让对方反感和忌讳，那么不可避免地要碰钉子。

◎ 把握最初的10秒钟

有一位哈佛演说家说，我们开始说话的10秒钟最能吸引听众。原因是：在这最初的10秒钟内，每个人都会有意无意地来表达自己的真实感觉。所以，如果你抓住了这10秒钟，整个说话的场合就会形成一种有利于你的形势。

如何把握住这最初的10秒钟呢？以下有几点技巧：

1. 用吸引人的故事或幽默开头

感人的故事（尤其是真人真事）或能够使观众发出会心笑声的幽默，能够一下便抓住听众的心，即使前面发言者已使观众思绪分散，也仍然能起到把握全局情绪的作用，引起听众的兴趣，从而使自己很快被听众所接受。

2. 用一些物品吸引听众

一张图纸、一个战场上带回的实物或是一张相片，因其能够直观地反映一定的主题，故能很快地把听众吸引过来。如果讲者乐意，他还可能将自己的话题抽象成一幅画——根本不必去追究它的艺术性，或者随便写几个有趣的大字。别出心裁的举动也能一下集中听众的注意力，只要物品有助于讲者借题发挥就行。

3. 不妨用提问来开头

提问，是有趣的开头法。在问题提出以后，几乎所有感兴趣的人都会去思考，并产生一种要求知道正确答案的欲望，而这将能使听众的注意力得到迅速地集中——他们等着用你说出的答案去验证自己的判断。但是要注意，提出的问题不要过于简单，要能“发人深省”引起思考，或能使听者有所收益。

4. 制造悬念

可以通过听众的求知欲而制造悬念，采用此种讲话开头方法时可能需要一些“内幕”消息。无疑，这也是一种很好的吸引听众的方法。

5. 从听众的利益和关心焦点出发

有经验的沟通者，往往善于将自己的讲话与听众的切身利益联系起来，即使牵强一些，为了开始讲话时能吸引听众，有时也不得不有策略地绕个弯子，待听众兴趣已起时再转入正题。

6. 从与听众的共鸣说起

共同的经历或遭遇、共同的研究专业和方向、共同的希望和展望等，都是能够引起听众共鸣的话题，以此种方式开场，常常更易于使自己被听众“认同”。

7. 用一句名言开场

名人名言是很好的开场白。哈佛大学心理学家认为，公众具有崇拜权威（名人是人们自认的权威）的共同心理。名人的话对听众来说总是具有一种特殊的魅力，因而也最易于将听众的注意力集中起来。

8. 先赞扬听众

世人都爱听赞颂之词，因此，具体的赞扬会使他们很注意听，同时，也会使讲话者被认作是一个和蔼可亲的人而被听众接受。

◎ 首次见面说好第一句话

社交中，常会与一些陌生人打交道。初次见面的第一句话是留给对方的第一印象，这第一句话说好说坏，关系重大。哈佛人际关系学家指出，说好第一句话的关键是：亲热、贴心、消除陌生感。常见的有以下3种方式：

1. 攀认式

赤壁之战中，鲁肃见诸葛亮的第一句话是：“我，子瑜友也。”子瑜，就是诸葛亮的哥哥诸葛瑾，他是鲁肃的同事挚友。短短的一句话就定下了鲁肃跟诸葛亮之间的交情。

任何两个人，只要彼此留意，就不难发现双方有着这样或那样的“亲”“友”关系。例如：“你是复旦大学毕业生，我曾在复旦进修过两年。说起来，我们还是校友呢！”“您是体育界老前辈了，我爱人是个体育迷；您我真是‘近亲’啊。”“您来自苏州，我出生在无锡，两地近在咫尺。今天能够遇见同乡，令人欣慰！”

2.敬慕式

对初次见面者表示敬重、仰慕，这是热情有礼的表现。用这种方式必须注意：要掌握分寸，恰到好处，不能乱吹捧，不说“久闻大名，如雷贯耳”一类的过头话。表示敬慕的内容应因时因地而异。

例如：“您的大作我已读过多遍，受益匪浅。想不到今天竟能在这里一睹您的风采！”

“今天是教师节，在这光辉的节日里，我能见到您这位颇有名望的教师，不胜荣幸。”

“桂林山水甲天下，我很高兴能在这里见到您——尊敬的山水画家！”

3. 问候式

“您好”是向对方问候致意的常用语。如能因对象、时间的不同而使用不同的问候语，效果则更好。

对德高望重的长者，宜说“您老人家好”，以示敬意；对年龄跟自己相仿者，称“老×（姓），您好”，显示亲切；对方是医生、教师，说“李医师，您好”“王老师，您好”，有尊重意味。节日期间，说“节日好”“新年好”，给人以祝贺节日之感；早晨说“您早”“早上好”则比“您好”更得体。

说好第一句话，仅仅是良好的开始。要谈得有味，谈得投机，谈得融融乐乐，有两点还要引起注意。

第一，双方确立共同感兴趣的话题。有人以为，素昧平生，初次见面，何来共同感兴趣的话题？其实不然。生活在同一时代、同一国土，只要善于寻找，何愁没有共同语言？一位小学教师和一名泥水匠，似乎二者是话不投机的。如果这个泥水匠是一位小学生的家长，那么，二者就如何教育孩子各抒己见，交流看法；如果这个小学教师正在盖房或修房，那么，二者可就如何购买建筑材料，选择修造方案沟通信息，切磋探讨。只要双方留意、试探，就不难发现彼此有对某一问题的相同观点，某一方面共同的兴趣爱好，某一类大家关心的事情。有些人在初识者面前感到拘谨难堪，只是没有发掘共同感兴趣的话题而已。

第二，注意了解对方的现状。要使对方对你产生好感，留下不可磨灭的深刻印象，还必须通过察言观色，了解对方近期内最关心的问题，掌握其心理。例如，知道对方的子女今年高考落榜，因而举家不欢，你就应劝慰、开导对方，讲讲“榜上无名，脚下有路”的道理，举些自学成才的实例。如果对方子女决定明年再考，而你又有自学、高考的经验，则可现身说法，谈谈高考复习需注意的地方，还可表示能提供一些较有价值的参考书。在这种场合，切忌大谈榜上有名的光荣。即使你的子女考入名牌大学，也不宜宣扬，不能津津乐道，喜形于色，以免对方陷入尴尬。

◎ 微笑是世界通用语言

罗曼·罗兰曾说：“表情是多少世纪培养成功的语言，比嘴里讲的，更复杂到千百倍的程度。”表情又是表示内心情感的最敏感的身体语言，美国学者戴维斯在他的专著《怎样识别形体语言》一书中指出：“信息总效果 = 7%文字 +

38%声音＋55%表情。”事实上也正是如此，特别是领导者所使用身体语言中，最纯熟的莫过于这一种了吧。并且，在各种表情中，他们最偏爱的就是笑了。当一张笑脸摆在下属和同级的面前时，他们几乎很快会把它判定为友好的表示，除非背景极其复杂，否则他们绝不会去仔细揣摩，反复研究。这轻而易举的一笑，立即就使二者的关系拉近了许多，体现了人与人之间融洽的关系。

大多数领导者平时总喜欢面带微笑，这种表情告诉人们：“来吧，我是朋友。”（当然，由于性格的差异或其他原因，有的领导者却总是表情严肃，不苟言笑，比如夏尔·戴高乐。）尼采认为，由于发笑是使人们能够容忍生活磨难的唯一途径，所以人们才笑，但我想任何一个领导者都不会这样认为。我们的生活需要笑容，我们的工作也需要笑容，前者为了自己的健康，后者满足别人的希望。当你在会议上、汇报中或与下属谈心时，用自己真诚的笑容向对方暗示或者传递一个细小的意向，如果对方立刻能心领神会，一定会从内心中发出满意的笑容。

但是，仅仅注意到笑的作用是不够的，还应当做到两点：一是要真笑，而不是假笑；二是把握好笑的时机和方式。

就第一点而言，笑有真有假，真笑几乎是不受控制的，而假笑则是一种伪装出来的表情。有研究表明：真笑的第一个表情特征是嘴唇迅速咧开，第二个特征是，在笑的高潮以后，紧接着短暂而迅速地闪一下眼睛。那些“来得快、去得快”的笑，并不容易引起对方的满足，因而也是不成功的运用。所以，如果不是真的从心里往外压抑不住地高兴就不要笑，但这并不意味着你必须愁眉苦脸地工作，就好像全世界的重量都压在你的肩膀上似的。应该准确地说，如果你不是由衷地感到满足，就不要喜形于色。领导者也应该在笑之前想想这一点，否则将产生适得其反的效果，这绝不是我们所期望的。

第二个问题更为重要。笑的时机要恰当，要注意选择笑的时机、场合、话题。该笑的时候笑，不该笑的时候就不能笑。在欢庆的场合，在轻松的气氛中，在诚恳坦率的交谈中，应该笑；但在谈起不见好转的病情，同去世同事的家属谈话，说起工作中的重大失误和损失时就不能面带笑容。有些人平时随便惯了，以至遇到参加单位同事追悼会的场合，在给烈士扫墓的时候，在瞻仰领袖遗容的时候，还在嘻嘻哈哈，说说笑笑，这就显得很不恰当了。另外，要掌握笑的分寸。在日常谈话中，笑容主要是根据与交谈者的关系、谈话的内容以及谈话者的性格和习惯等自然体现出来的。

笑的方式很多，可取的有微笑、轻笑、大笑等。微笑是一种不露齿的笑容；轻笑表现为上齿露出，嘴已微微张开；大笑则表现为嘴已张成弧形，上下牙齿都可看见。

领导者在工作谈话中，一般要以微笑作为基调，微笑是一种恰到好处的可控性的笑容，它使人觉得和蔼、可亲、文明，是仪表的一个构成要素。微笑时面部肌肉容易控制，可以较长时间地维持笑容。笑的时候应该自然大方，得体适度。那种咧嘴龇牙的笑，嘻嘻逢迎的笑，挤眉弄眼的笑，忸忸怩怩的笑，都会给人一种不愉快的感觉，不良的印象。因此，笑容也反映了一个人的文化修养水平。领导者需要不断提高文化情操的修养，使笑容反映出美好的心灵。只有发自内心的笑才能感染对方，产生呼应。嘲笑、冷笑，幸灾乐祸的笑都是应该尽量避免的。

微笑是通过不出声的笑来传递信息的。微笑作为一种表情，不仅是形象的外在表现，也是人内在精神的反映。因而，领导者要善于使用微笑，就要注意微笑的主要功能：微笑能强化有声语言沟通的功能，增强交际效果；微笑还能与其他身体语言相结合，代替有声语言的沟通，如在接见众多的宾客时，只要边微笑边招手，也具有“欢迎你光临”的功效，同样会使客人感到热情、有礼；在交谈中，遇到不易接受的事情，边微笑边摇头，委婉谢绝，不会使人感到难堪。

微笑是世界上最通用的语言，一个人不论走到哪里，只要你面带微笑，都会受到人们的欢迎。没有人能轻易拒绝一个笑脸，微笑是两个人之间沟通的金钥匙，说话面带微笑，无形中能使两个人的内心距离缩到最短——微笑为说话加分。

◎ 你希望和对方说点什么

哈佛沟通学家指出：如果在与人交谈时，必须在极短的时间内对别人提出要求，以及向对方说明如此做了以后，他们能够获得什么样的利益时，你千万不要婆婆妈妈地为一些琐碎的细节所羁绊，只要简单地说出你的主张就行了。

那么，如何才能开口就把话说到点子上呢？

1. 信心十足地说出要点

所谓的“要点”，就是你与对方交谈所要实现的最终目的。为了使对方依赖你，对于完成你的要求或实现某一目标充满信心，所以你一定要信心十足地说出来。对于对方的行动要求，必须以乐观而坚定的语调，直率地强调出来。为了获得较好的交谈效果，在说话时，你一定不能畏缩而要信心十足。对于你真挚的陈述，对方一定会感动，并为此立即采取有效行动，从而达到你的要求和目标。

2. 使对方明白采取行动

不管你所阐述的是哪一种问题，你的目的就是要把问题的要点以及要求对方采取什么样的行动，简单扼要地表达出来，以便让对方容易理解，这样才能够让对方顺利地展开行动。为了达到这个目的，最妥善的方法就是把关键部分具体地说出来。

如果在说话时，你能够具体地为对方提示事情的关键和问题的要点，那么你就要比其他人更容易和别人交谈，也更容易使对方感动。“发给客户的商业信函寄出去了吗？”比起漠然地对下属说“去把发给客户的商业信函打印出来”效果更好。

到底以肯定的方式叙述要点好，还是以否定的方式叙述要点比较妥当？这一点是无关紧要的，只要你能把你提出的要求叙述清楚、表达准确即可。但必须站在对方的立场上做出这一决定。

3. 具体而简短的叙述要点

当你要求对方做一些什么事情时，必须进行简明扼要的叙述，因为对方只会做他们明白理解的事情。他们既然要依照你的话采取行动，那么你就得准确而精练地把自己的意思表达出来。

◎ 主动引发一场聊天

生活中的每个人都渴望友谊，希望拥有更多的朋友。但朋友都是由陌生人发展而来的，有相当一部分朋友是萍水相逢的。在风光绮丽的景区、在熙攘喧闹的汽车上或者在小型聚会上，凭一个会心的微笑、几句得体的幽默话、一个礼貌的动作等，都可以与他人相识。关键是得找出交往的契机，主动伸出友谊之手，打开对陌生人关闭着的心灵之门。

1. 激起对方谈话兴趣是顺利沟通的关键

并非所有的人都是善谈的，有的人沉默寡言，虽然有交谈的欲望，却不知从何谈起。这就需要其中的一方改变态度，率先向对方发出友好信号，激起对方的谈话欲望，以达到交流的目的。

假若你的一个话题使对方产生了浓厚的兴趣，那么无论他是一个如何沉默的人，都会发表一些言论的。因此你在谈话的停滞之中，一定要想法寻找并且不断地激起对方的兴趣，使谈话能够一直持续下去。

2. 寻找话题，把陌生人变成朋友

当你对做父母的人称赞他们的孩子，甚至表示你对那孩子感兴趣时，那么孩子的父母很快便会成为你的朋友了。给他们一个谈论其孩子的机会，则他们就会很自然而又无所顾忌地滔滔不绝了。

与陌生人见面，要善于倾听，主动关心他人，还可以通过慷慨地给予帮助来激发他们的谈话欲望。初次相见或不太熟悉时，没有谁愿意向有困难的陌生人提供帮助，因为他们怕不清楚对方的底细而帮出麻烦来。这种想法固然有一定的道理，但正是它把自己结识别人的大好机会给赶跑了。善于交际的人是不会这么想的，他们认为与人方便自己也方便，只有放下顾虑、慷慨解囊，才能赢得别人的感激与好感——这恰是一座沟通感情的桥梁。

对于那些腼腆的人，交谈者应主动寻找话题，消除对方的紧张感。

朋友相交，重在交流。由陌生人到朋友，需要通过深入的交流才会相互了解。

要达到深入交流的效果，就要在掌握交谈艺术的同时激发对方的谈话欲望，只有这样才能彼此加深了解，从陌生走向熟悉，进而成为朋友。

◎ 多谈对方感兴趣的事

与人初次见面，彼此生疏又无甚了解，难免出现紧张和沉闷的气氛，开始说话就要慎之又慎了。那么，如何才能打破僵局，迅速缩短双方的心理距离呢?

1.投其所好

初次见面的人，如果能用心了解与利用对方的兴趣爱好，就能缩短双方的距离，而且加深给对方的好感。例如，和中老年人谈健康长寿，和少妇谈孩子、减肥以及大家共同关心的宠物等，即使对自己不太了解的人，也可以谈谈新闻、书籍等话题。

2.说话平实

著名作家丁·马菲说过："尽量不说意义深远及新奇的话语，而以身旁的琐事为话题做开端，是促进人际关系成功的钥匙。"一味说些令人咋舌与吃惊的话，容易使人产生华而不实、锋芒毕露的感觉。受人爱戴与信赖的人，大多并不属于才情焕发，以惊人之语博得他人喜爱的人。尤其对于一个初识者，最好不要刻意显出自己的显赫，宁可让对方认为你是个善良的普通人。因为，如果从一开始你就不能与他人处于同等的基础上，对方就很难对你产生好感。如果你摆出一副超人一等的样子，别人也会用同样的态度对待你。

3. 避免否定对方

初次见面是建立良好人际关系的重要时期，在这种场合，对方往往不能冷静地听取意见、建议并加以判断，而且容易产生反感。同时，初次见面的对象有时也会恐惧他人提出细微的问题来否定其观点，因此，初次见面应当尽量避免有否定对方的行为出现，这样才能形成紧密的人际关系。当然，这并不是让你不提相反意见。你应尽可能地避免当着他的面提出，或者可以借用一般人的看法以及引用当时不在场的第三者的看法，这样就不会引发对方反射性的反驳，还能够使对方接受并对你产生良好印象。

4. 注意细节

在初次见面的场合中，如果有一方想结束话题，往往会有看手表等对方不易察觉的无意识动作。因此，当你看到交谈的对方突然焦躁地看着手表，或者望着天空询问现在的时刻，就应该及早结束话题，让对方明了你不是一个毫无头脑的人。你清楚并尊重他的想法，必能留给对方一个美好的印象。

5. 适时评价

心理学家认为，人是这样一种动物，他们往往不满意自己的现状，然而又无法加以改变，因此只能各自持有一种幻想中的形象或期待中的盼望。

他们在人际交往中，非常希望他人对自己的评价是好的，比如胖人希望看起来瘦一些，老人愿意显得年轻些，急欲提拔的人期待实现的一天。

6. 引导对方谈得意之事

任何人都有自鸣得意的事情。但是，再得意、再自傲的事情，如果没有他人的询问，自己说起来也无兴致。因此，你若能恰到好处地提出一些问题，定使他欣喜，并敞开心扉畅所欲言，你与他的关系也会融洽起来。

7. 以笑声支援对方

做个忠实的听众，适时地反映情绪，可以使对方摈弃陌生感、紧张感，从而发现自己的长处。尤其要发挥笑的作用，即使对方说的笑话并不很好笑，也应以笑声支援，产生的效果或许会令你大吃一惊，因为，双方同时笑起来，无形之中就会产生亲密友人一样的气氛。

8. 关心对方

表现出自己关心对方，必然能赢得对方的好感。在招待他人或是主动邀请他人见面时，事先应该多少搜集对方的资料。这不仅是一种礼貌，而且可以满足他人的自尊，使他感受到你的诚意和热忱。记住对方说过的话，事后再提出来当话题，也是表示关心的做法之一。尤其是兴趣、嗜好、梦想等，对对方来说，是最重要、最有趣的事情，一旦提出来做话题，对方一定觉得愉快。

9. 先征求对方的意见

不论做任何事情，事先征求对方的意见都是尊重对方的表现。在处理某一件事中，身份最高的人握有当时的选择权，将选择权让给对方，也就是尊重对方。而且，不论是谁，都希望得到他人的尊重，绝不会因此不高兴或不耐烦。

10. 记住对方“特别的日子”

当你得知对方的结婚纪念日、生日时，要一一记下来，到了那天，打电话以示祝贺，虽然只是一个电话，给予对方的印象却很强烈。尤其是本人都常忘记的纪念日，一旦由他人提起，心中的喜悦是难以形容的。

11. 选择让对方家人高兴的礼物

俗话说“射人先射马”，馈赠礼物时，与其选择对方喜欢的礼物，倒不如选择其家人喜欢的礼物。哪怕是选一件小小的礼物给对方的妻子，她对你的态度就会改变，而收到礼物的孩子们更会把你当成亲密的朋友，你将得到全家人对你的欢迎。

12. 直呼对方的名字

我们都习惯在比较亲密的人之间才直呼名字，连名带姓地呼叫对方，表示不想与他人太过亲密的心理，所以，直呼对方的名字，可以缩短心理距离，获得意想不到的效果。

初次见面，开口交谈可多谈一些对方感兴趣的事，表达你对对方的尊重和理解，以赢得对方的好感，缩短双方的距离，营造出融洽和谐的交谈气氛。

◎ 称呼他人要合乎情理

称呼是指人们在正常交往应酬中，彼此所采用的称谓语。它是言语交际的“先锋官”。俗话说，“良言一句三春暖”，称呼得体就像行个见面礼，使对方获得心理上的满足，使沟通顺畅，交往成功。反之，称呼不得体往往会引起对方的不快甚至愠怒，使双方陷入尴尬境地，造成交往梗阻乃至中断。

由此可见，称呼得体与否在很大程度上决定着人们交往活动的成败和管理效果的优劣。

不论是从事任何职业的一般人，还是身负一定职务的领导人或管理者，要想生活愉快、事业发展，都需要注意研究人际称呼的技巧，努力提高自己的称呼艺术。

称呼在人际交往和管理活动中的重要作用早为人们所注意。社会心理学家们认为，得体的称呼能使人心情愉快、增强自信，有助于形成亲密和谐的人际关系，而良好的人际关系又是使人精神振奋、心理健康和提高工作效率的重要条件。得体的称呼能缩短人和人之间的心理距离，使人心情舒畅。

那么，怎样称呼才算得体呢？其实称呼并没有什么统一的模式。不同的地区、不同的民族和不同的语言传统，称呼的习惯可能差异很大；不同的职业、职务、性别、年龄的人，对称呼的需要和期望也不尽一样。这就造成了人际称呼的复杂性和多元化，增加了称呼得体的难度。但有一条是共同的，那就是要尊重他人和礼貌待人，这样对方心里就会产生一种自豪感和满足感，反过来对方也会乐于与你接触，主动和你沟通，这就使交往有了良好的开端。但仅此还不够，在具体称呼时还要注意做好以下几点：

1. 记住对方姓名

姓名不仅是将自己与他人的存在予以区别的标志，而且不少人的名字还凝聚着父母对子女的期望。由于自尊的需要，每个人都会重视和珍爱自己的名字，同时，也希望别人能记住和尊重它。因此，当自己的名字被别人叫到时，就认为自己受到尊重，心理感到愉悦，对称呼自己的人怀有亲切感。古今中外，一些领导人、政治家和企业家对人的这种心情很了解，与人寒暄时不只说句“你好”，而是在“你好”前面或后面冠以对方名字，这样做起到了很好的心理效应。我们对久别之后仍能一下子叫出自己的名字的人，总是感动万分、钦佩不已的原因就在于此。

2. 符合年龄身份

称呼必须符合对方的年龄、性别、身份和职业等具体情况。对年长者称呼要热情、谦恭、尊重；对同辈则要态度诚恳，表情自然，亲切友好，体现出你的坦诚；对年轻人要注意慈爱谦和，表达出你的喜爱和关心；对有较高职务或职称者，要称呼其职务或职称。总之，要讲究礼貌，既表达出你对对方的真诚和尊重，又不卑不亢。切勿使用“喂”“哎”等来称呼人，同时，也应力戒点头哈腰，满嘴恭维话。

3. 有礼有节有序

在与多人打招呼时，如果群体中有年长者，也有年轻人或异性在场，就要注意称呼的顺序。一般来讲，应先长后幼，先上后下，先女后男，先生疏后熟识为宜。称呼最能表达说话人的道德修养、知识水平和文明程度，也体现着他的交往技巧。称呼兼顾长幼的差异，会使年长者觉得受了尊重，年轻人也心中坦然；如顺序颠倒，不但会使年长者不满，而且被称呼到的人也会感到窘迫。再者应注意尊重女性，在与一个同样年龄、身份的群体打招呼时，先称呼女性，会使对方感到你有较高的素养，从而乐于与你交往。

需要强调的是，以上各点并不是孤立的，而是彼此制约、密切相关的，它们从不同侧面共同决定着称呼的得体与否以及称呼得体的程度。在日常生活中我们只有依据称呼对象和交往场合等的具体情况，从多方面分析称呼对象的称呼需要，选择得体的称呼语，才能收到最理想的称呼效果。

◎ 介绍他人有顺序有礼节

介绍他人，即第三者为彼此不相识的双方引见的介绍方式。在人际交往中，我们总能碰到为他人介绍的机会，那么如何能使双方满意，达到预期的效果呢？这是一个看似简单的问题，其实却很难做到位。

介绍他人应注意以下4个问题：

首先，介绍时要注意介绍的顺序和礼节。一般情况下，是将年纪轻、身份低的介绍给年纪大、身份高的，以示对后者的尊重。介绍多人的一般顺序是：

1. 不同性别的两个人，在一般情况下应将男士介绍给女士，如："李小姐，这是赵先生，刚从河北来。"如果男士尊于女士，则应把女士介绍给男士："赵老师，这位是从哈尔滨来的李小姐……"

2. 不同辈分、职务的两个人，应将年轻、职务低、知名度低的介绍给年长、职务高、知名度高的。如："汪老，这是×报社的小陈，陈先生。"

3. 把一对夫妇介绍给他人，在一般情况下应先说丈夫，后说妻子。

4. 同龄人聚会应将未婚的介绍给已婚的，将自己熟悉的介绍给不太熟悉的。

5. 客人到家中拜访，应先把客人向家庭成员介绍，然后把家庭成员向客人做简单逐一的介绍。介绍时，应把被介绍人的关系、姓名讲清楚，同时要能简明地点出他们的爱好和特点更好，这样会给客人以愉快亲切的感觉，也显示出家庭的和睦与乐趣。

其次，介绍时体态语要自然、协调。介绍时一般应起立，面带微笑，注意礼节，手掌朝上示意，切不可用食指指指点点。

再次，介绍语信息量要适中，不要过于冗长，能为双方攀谈引出话题即可。

最后，介绍语要热情、文雅，切不可伤害被介绍者的自尊心。介绍是为了联络感情，融洽气氛，建立交流关系，因此，介绍的话语应热情洋溢，切忌冷冰冰的，更不可有损被介绍人的尊严。

约翰·梅森·布朗是一位作家兼演讲家，一次他应邀在某地演讲，被会议主持人做了这样的介绍：

“先生们，请注意了。今天晚上我给你们带来了不好的消息。我们本想邀请伊塞卡·F.马科森来给我们讲话，但他来不了，病了。（下面听众发出嘘声）后来我们要求参议员布莱德里奇前来，可他太忙了。（嘘声）最后，我们试图请堪萨斯城的罗伊·格里根博士来，也没有成功。（嘘声）所以，结果我们请到了——约翰·梅森·布朗。（肃静）”

这段介绍语的本意并不想贬低布朗先生，却一次又一次地刺伤了其自尊心。之所以出现这样的失误和恶果，原因有二：一是介绍者将组织这次活动的过程报了一遍流水账，完全没有这个必要，客观上产生了这样的效应；二是主观上考虑不周，或者根本没有考虑这样一些问题：如何尊重演讲者？如何促使来之不易的演讲活动取得成功？因此，从某种意义上讲，介绍语是介绍者认识水平、组织才能和表达才能的外现。

一次，某高校邀请话剧《光绪政变记》中慈禧太后的扮演者郑毓芝来演讲。主持人是这样介绍她的："同学们，今天，我们好不容易把'老佛爷慈禧太后'请来了。（掌声，笑声，听众的情绪热烈起来）'老佛爷'郑毓芝同志在戏台上盛气凌人，皇帝、太监、大臣见了都诺诺连声，磕头下跪，在台下却和蔼可亲，热情诚恳。她方才和我谈起，还曾扮演过《秦王李世民》中的贵妃娘娘，话剧《孙中山》中的宋庆龄。她是怎样把这些截然不同的人物演得惟妙惟肖的呢？下面就请听她的演讲。（听众凝视主席台，热烈鼓掌）"

这番介绍语既幽默风趣，突出特点，又条理清楚，主旨鲜明，热情洋溢地把郑毓芝本人和她演的角色做对比介绍，并水到渠成地点明其演讲的主题，可谓十分得体，收放自如。

◎ 几句话和陌生人成为好朋友

人际关系大师卡耐基在总结沟通技巧和策略时谈到，与您刚认识的人在一起谈话，最好的办法是从一个话题到另一个话题地试着说，如果某个话题不行，再试下一个。或者轮到你讲话时可讲述你曾经做过的事情或想过的事情，计划旅行或其他已经谈过的话题。不要对片刻的沉默慌张，让它过去即可。谈话不是竞赛，不要像跑步一样拼命地冲到终点。

当您发现在聚会上坐在您身边的是个陌生人时，在开始“钓鱼”之前最好先介绍一下自己，然后以各种各样的方式开始交谈。如果你是个很腼腆的人，在参加聚会之前就可在脑子里先想好话题。如果有人已经告诉你一些关于他的消息，你可以说：“我知道您的球队在上星期的决赛中获胜了，一定很精彩。”如果你对他一点都不了解，可以说：“您是本地人，还是外地人？”诸如此类，从他的回答中你可以开始话题。可以问他住在哪儿、从事什么职业等。非常简单，要注意给他说话的机会。

另一个重要的（也是立竿见影的）开场白是征求建议。问他任何方面的观点都是稳妥的：政治、体育、股市、时尚和当地新闻都可以，但不能是已经问过的或将引起争论的话题。

与陌生人开始谈话，要学会主动引导陌生人。只有一方适度地主动才能让交流继续下去，当然如果你是一个腼腆的人，就要勇敢些，或许你开启了一扇大门，迎接你的就是一片好景色，你要做的也仅是开启一扇门而已。

初次见面，由于人们性格上的差异，各自的表现也各不相同。有人生性腼腆，不喜欢与陌生人交谈；有人虽有交谈愿望，却感到无从启齿，找不到共同的话题，没有办法交谈。他们或局促一角，尴尬窘迫；或欲言又止，话不成句；或说话生硬，遭人误解……产生这种现象的原因是缺乏和陌生人交谈的勇气和技巧。

在与人交谈前要充满信心，要相信自己能够自如地交谈；然后寻找适合双方的共同话题，就能使谈话融洽自如。一个好话题，是双方初步交谈的媒介，深入细谈的基础，纵情畅谈的开端。

不妨从天气、籍贯、兴趣和衣着等方面聊起。这样既不易触及对方感情的敏感处，又不易引起对方的反感和为难。

初次见面，寻找合适的话题，除了能消除彼此的紧张感、陌生感外，有时还可以为你带来意想不到的效果和收获。

同陌生人谈话最重要的就是能够尽快地找到双方的共同点。怎样才能找到初次见面的人与自己的共同点呢？

1. 察言观色，寻找共同点

一个人的心理状态、精神追求、生活爱好等，都或多或少地在他们的服饰、表情、谈吐、举止等方面有所表现。只要你善于观察，就会发现你们的共同点。你要从察言观色发现的东西里面，找到与自己的情趣爱好的共同点。只有当你自己对此也有兴趣时，才有可能打破沉寂的气氛。否则，即使发现了共同点，也还会无话可讲，或讲一两句就“卡壳”了。

2. 以话试探，侦察共同点

陌生人相遇，有人以招呼开场，有人以动作开场，一边帮对方做某些急需帮助的事，一边以话试探；有人通过借书借报，来展开交谈。以开头几句试探性的话，或询问，或对某事谈论自己的感受，借以观察对方的反应，便可以了解到你与对方是否存在共同点。

3. 听人介绍，猜度共同点

去朋友家串门，遇到有陌生人在座，作为主人，会马上为你们介绍，说明陌生人、你与主人的关系，各自的身份、工作单位，甚至个性特点、爱好等。细心人从介绍中马上就可发现对方与自己的共同之处。

4. 揣摩谈话，探索共同点

要想寻找陌生人同自己的共同点，可以认真倾听对方同别人的谈话并对此进行认真分析、揣摩，也可以在对方和自己交谈时揣摩对方的话语，从中发现共同点。通过细心揣摩对方的谈话，可以找出对方与你存在的共同点，使陌生的路人变为熟人，进而发展成为朋友。

5. 步步深入，挖掘共同点

发现共同点是不太难的，但这并非只是谈话的初级阶段所需要的，如果你想与对方进行深入交流，同样需要寻求双方更多的共同点。随着交谈内容的深入，你会发现你们之间的共同点会越来越多。为了使交谈更有益于对方，你必须一步步地挖掘深层次的共同点，才能如愿以偿。

交谈沟通中寻找共同点的方法还有很多，譬如共同面临的生活环境，共同的工作任务，共同的行路方向，共同的生活习惯等。只要仔细寻找双方的共同点，与陌生人无话可讲的局面是不难打破的。

◎ 步步为营，把聊天引向高潮

在与人聊天时，有些人常常挖空心思去想一些很有水平的话，以显示自己的本事。但是，如果没有顾及对方的感受，对方在你的这种强势情绪下会怎样呢？他当然是不甘示弱，会比你更加努力地找一些更加有水平的话。他找出了之后，你又该怎么办呢？是不是又要搜索枯肠去寻找很有水平的话呢？这样循环往复，你们就不是在交谈，而是在斗智。

在交谈中，太强势的语言有时会给对方造成压力，使得聊天难以进行下去。为此，你需要做到以下几点：

1. 为交谈做好“预热”

实际上，要进行一次谈话并不是困难的事。陌生人之间一些简短的寒暄就能引发谈话。每个人都可能流于平俗，都可能涉及简短的谈话，只谈论一些既缺乏机智又毫无意义的事情。然而这种短暂的交谈对于正式交谈的顺利启动却是十分有必要的。

引发谈话的目的是必须让对方说话，而切忌将谈话引入死胡同。如不能说诸如“今天天气真好！”之类的话，而应该问对方：“干什么工作？”“是哪里人？”这样对方必须回答干什么工作，是哪里人，而不会用“是”或“不是”将你打发。

在开始沟通时，要准备经过一个“预热”的阶段。没头没脑地就开始一次意味深长的交谈是不明智的，不要期望一开始就像老朋友见面一样。短暂的交谈不仅能为你引发一次谈话，而且还可以用来为进一步的沟通预热，引导对方为进一步的交谈做好充分的准备。然后在这种交谈中观察别人的兴趣。这正如点篝火，不必期望用一个火把开始，只需有一根小火柴就行了。只要方法得当，这一根小火柴就能让篝火熊熊燃烧……

2. 交谈中要多谈对方感兴趣的事

要特别注意的是，在交谈的过程中也不要太掉以轻心，成为一位沟通高手的艺术并不过多地依赖于你有多么聪明，或者你的经历有多么曲折，而在于善于启发、诱导别人讲话。要想成为出色的沟通高手，就一定要避免在谈话中出现以自我为中心的现象。人们往往从始至终只对他们自己，以及他们的工作、家庭、故乡、理想感兴趣。其实，即使是问“你是做什么工作的”这样一个简单的问题，也向他人传达了你对他感兴趣的信号，结果必然会使别人对你产生兴趣。

在提出这个简单的问题之前，你只需要在心里给自己提一个问题：“通过交谈我究竟想得到些什么？”是想表现和炫耀自己呢，还是想与别人做成交易，让别人在议定书上签字，并得到他的准许和友善呢?

很多人在与人聊天时容易犯的错误就是谈自己感兴趣的事，而不去谈别人感兴趣的事。你谈自己感兴趣的事，虽然自己兴高采烈，但别人却不一定会高兴，那你要求别人办事、请别人帮忙，以及你谈话的目的又怎能达到呢?

迪巴诺经营着纽约最著名的面包公司——迪巴诺公司。他的客户遍布纽约市及周边地区。但是迪巴诺却发现纽约的一家大饭店一直未向自己的公司订购面包。为了攻克面包市场中这一最为顽固的堡垒，4年来迪巴诺每星期必去拜望大饭店总裁一次，并且经常亲自参加他所举行的会议，甚至以客人的身份住进大饭店。正面攻势，旁敲侧击，迪巴诺用尽了所有的营销招数，但这家大饭店仍是丝毫不为所动。迪巴诺下定决心，不达目的决不罢休。突然间，迪巴诺产生了灵感，他想自己应该改变一下以前使用的策略，就开始调查这家大饭店的总裁所感兴趣的事情。

不久，迪巴诺发现大饭店的总裁是美国饭店协会的会员，而且由于热心协会的事，还担任了该协会的会长，只要是饭店协会召开的会议，不管在何地举行，饭店的总裁都一定乘飞机赶去。

第二天，迪巴诺去拜访大饭店的总裁时，就以饭店协会为话题，果然引起了他的兴趣。他眼里发着光，兴奋地和迪巴诺谈了1小时关于协会的事情，还反复地述说这个协会给他带来的无穷乐趣。他还准备扩大内部组织，又极力邀请迪巴诺参加。

迪巴诺和大饭店的总裁谈话时，丝毫不提面包。几天后，饭店的采购部门来了一个电话，让迪巴诺立刻把面包样品和价格表送去。迪巴诺有些喜出望外，准备好了东西，就赶到饭店。

采购部的经理在谈正事之前，笑着对迪巴诺说："迪巴诺先生，我真猜不透你使了什么绝招，使我的老板那么赏识你。"迪巴诺真是哭笑不得，想想自己迪巴诺面包公司并非无名，自己向这个大饭店的总裁推销了4年的面包，可连一粒面包渣都没有售出。如今，自己仅是对他所关心的事表示关注而已，形势竟发生如此改变。迪巴诺想，如果自己依然没有发现这个大饭店的总裁所真正感兴趣并且关心的事，恐怕现在仍是跟在他身后穷追不舍呢！

◎ 超级聊天术：怎样说比说什么更重要

与人聊天，怎样说比说什么更重要。

1. 急事，慢慢地说

遇到急事，如果能沉下心思考，然后不急不躁地把事情说清楚，会给听者留下稳重、不冲动的印象，从而增加他人对你的信任度。

2. 小事，幽默地说

尤其是一些善意的提醒，用句玩笑话讲出来，就不会让听者感觉生硬，他们不但会欣然接受你的提醒，还会增强彼此的亲密感。

3. 没把握的事，谨慎地说

对那些自己没有把握的事情，如果你不说，别人会觉得你虚伪；如果你能措辞严谨地说出来，会让人感到你是个值得信任的人。

4. 没发生的事，不要胡说

人们最讨厌无事生非的人，如果你从来不随便臆测或胡说没有的事，会让人觉得你为人成熟、有修养，是个做事认真、有责任感的人。

5. 做不到的事，别乱说

俗话说“没有金刚钻，别揽瓷器活”。不轻易承诺自己做不到的事，会让听者觉得你是一个“言必信，行必果”的人，愿意相信你。

6. 伤害人的事，不能说

不轻易用言语伤害别人，尤其在较为亲近的人之间，不说伤害人的话。这会让他们觉得你是个善良的人，有助于维系和增进感情。

7. 伤心的事，不要见人就说

人在伤心时，都有倾诉的欲望，但如果见人就说，很容易使听者心理压力过大，对你产生怀疑和疏远。同时，你还会给人留下不为他人着想，想把痛苦转嫁给他人的印象。

8. 别人的事，小心地说

人与人之间都需要安全距离，不轻易评论和传播别人的事，会给人交往的安全感。

9. 自己的事，听听别人怎么说

自己的事情要多听听局外人的看法，一则可以给人以谦虚的印象；二则会让人觉得你是个明事理的人。

10. 尊长的事，多听少说

年长的人往往不喜欢年轻人对自己的事发表太多的评论，如果年轻人说得过多，他们就觉得你不是一个尊敬长辈、谦虚好学的人。

CHAPTER 2

情商高，说话得体让人舒服

就像烹饪有食谱一样，说话也有它的“秘方”。一句恰到好处的话，甚至可以改变一个人的命运。人际沟通中怎样措辞？怎样把握说话的场合和时机？如何领略说话精髓，悟透说话之道，在众人中脱颖而出？答案是：修炼说话情商。所谓情商高，就是会说话。不拆台不揭短，不生硬不伤人，让你的每一句话都得体又令人舒服，到哪儿都受欢迎！

◎ 重视交谈中的细节

细节决定一切，谈话也是如此。重视每次谈话细节的人，往往是那些被称为说话高手的人，他们之所以成为口才高手，是因为他们不轻易放过任何一次交谈的机会，把说话的有利战果尽收囊中。

在我们的日常交际中，除了一些业务性质的交谈，一开始就要进入正题之外，一般社交性质的谈话，多半是从“闲谈”开始的。有些人就是不喜欢“闲谈”，他们觉得“今天天气怎样”和“吃过早饭了吗”这一类的话，都是无聊的废话，他们不喜欢谈，也不屑于谈，他们不知道像这一类看来好像没有意义的话，却对接下来的正式交谈起着至关重要的作用。是什么作用呢？就是交谈的准备作用，好比在踢足球之前，蹦蹦跳跳、伸手伸脚的热身运动。

一般的交谈总是由“闲谈”开始的，说些看来好像没有什么意义的话，其实就是先使大家轻松一点，熟悉一点，形成一种有利交谈的气氛。

当交谈开始的时候，我们不妨谈谈天气，而天气几乎是中外人士最常用的普遍的话题。天气对于人生活的影响太密切了，天气很好，不妨同声赞美；天气太热，也不妨交换一下彼此的苦恼；如果有什么台风、暴雨或是季节流行病的消息，更值得拿出来谈谈，因为那是人人都关心的。

开始交谈，的确需要相当的经验，当你面对各式各样的场合，面对着各式各样的人物，要能做得恰到好处，实在不是一件容易的事。倘若交谈开始得不好，就不能继续发展彼此的交往，而且还会使得对方感到不快，给对方留下不好的印象。

自然、亲切有礼、言辞得体最重要。然而做到这一点，也不能说就一定会收到良好的效果。因此，平时除了你最关心、最感兴趣的问题之外，还要多储备一些和别人“闲谈”的资料。这些资料往往应轻松、有趣，容易引起别人的注意。

1. 家庭问题

关于每个家庭里需要知道的各方面的知识，例如儿童教育、购物经验、夫妇相处、家庭布置、亲友之间的交际应酬……这一切，也会使多数人产生兴趣，特别对于家庭主妇们。

2. 运动与娱乐

夏天谈游泳，冬天谈溜冰，其他如足球、羽毛球、篮球、乒乓球，都能引起人们普遍的兴趣。娱乐方面像盆栽、集邮、钓鱼、听唱片、看戏，什么地方可以吃到著名的食品，怎样安排假期的节目……这些都是一般人饶有兴趣的话题。特别是有世界著名的音乐家前来表演的时候，或是有特别卖座的好戏、好影片上演的时候，这些更是热闹的闲谈资料。

3. 健康与医药

谈谈新发明的药品，介绍著名的医生，对流行病的医疗护理，自己或亲友养病的经验；怎样可以延年益寿，怎样可以增加体重，怎样可以减肥……这一类的话题，不但能吸引人的注意，而且实在对人有很大的好处。特别是遇到他本人或家人健康有问题的时候，假如你能向他提供有价值的意见，那他更是会对你非常感激的。事实上，有哪一个人、哪一个家庭没有这方面的问题呢？

4. 无伤大雅的玩笑

例如，买东西上当啦，语言上的误会啦，办事摆了个乌龙啦，等等，这一类的笑话，多数人都爱听。如果把别人闹的笑话拿来讲，固然也可以得到同样的效果，但对于那个闹笑话的人，就不免有点不敬。讲自己闹过的笑话，开开自己的玩笑，除去能够博人一笑之外，还会使人觉得自己很随和，很容易相处。

5. 惊险故事

特别是自己或朋友亲身经历的惊险故事，最能引起别人的注意。人们的生活往往不是一帆风顺的，每天大家照常吃饭，照常睡觉，可是突然大祸临头了，或是被迫到一个很远的地方，路上可能遭遇到很多危险……怎样应付这些不平常的局面，怎样机智地或是幸运地在刻不容缓的时候死里逃生，都是一个人永远不会漠视的题材。

6. 政治和宗教

这两方面的问题最容易引起人们谈话的兴趣，倘若你遇到的人在政治上和你见解颇为接近，或是具有共同的宗教信仰，那么这方面的话题，就变成最生动、最热烈、最引人入胜的了。

7. 社会新闻

假使你有一些特有的新闻或特殊的意见和看法，就足以把一批听众吸引在你的周围。

8.笑话

当然，人人都喜欢笑话，假如你构思了大量各式各样的笑话，而又富有说笑话经验的话，那么你恐怕是最受人欢迎的人了。

9. 兴趣

每个人都有自己的特长或者是兴趣和爱好，而每个人都对自己的特长有一定程度的关心。只要我们在与人交往中用心去观察，就很容易发现对方的长处，而在与之闲谈时投其所好，让对方因此而很快对你这个人感兴趣，从而轻轻推开交谈的大门。

◎ 拒绝，但不使人难堪

在生活中，处处需要拒绝别人。比如，双休日你正在家休息，推销员不期而至，说什么“给您送礼来了”，软磨硬缠推不出门；电话铃忽然响了，是某家电器公司的推销人员，向你介绍一种最新产品，是如何的物美价廉；你本来经济就有点紧张，却有朋友告诉您“××要结婚了，我们是否祝贺一下”，“××刚生了个小孩，我们去看看吗”；当你正在办公室聚精会神地工作，来了一位工作刚告一段落的同事对你说：“休息一下，别那么累。”刚送走这位先生，又来一位聊天的同事，如果你对他们都热情地奉陪到底，这半天就泡汤了，什么事都做不成了。对付“聊天客”，你可以说："真抱歉，今天是我近来最忙的一天，再累都不敢休息。"稍微知趣者，会立即退出办公室。

所以说，在生活中善于拒绝，是摆脱一切干扰的艺术。

拒绝是一个情绪强烈的负面词，当我们对上司、对朋友使用它时，一定要面带微笑，语气亲切。即使是对素不相识的营销人员，也要讲究点方式方法。

在生活中，对来自亲戚朋友的请求更要学会一些拒绝的技巧。假如我们担心老朋友埋怨我们不近人情，怕人们说我们不愿帮助人，怕伤害别人的自尊心或怕给人带来不愉快和麻烦，便轻易答应别人一些事情，结果反而使自己陷于无穷的烦恼和纠缠中不能自拔，这样不只浪费了自己的时间，还浪费了自己的精力，伤害了自己与朋友的感情。

曾有位女士对林肯说："总统先生，你必须给我一张授衔令，委任我儿子为上校。"

林肯看了她一下，女士继续说："我提出这一要求并不是在求你关照，我有权利这样做。因为我祖父在列克星敦打过仗，我叔父是布拉斯堡战役中唯一没有逃跑的士兵，我父亲在新奥尔良作战过，我丈夫战死在蒙特雷。"

林肯仔细听过后说："夫人，我想你一家为国家已经做得够多了，现在把这样的机会让给别人的时候到了。"这位女士本意是恳求林肯看在其家人功劳的分上，为其儿子授衔。林肯当然明白对方意思，他装糊涂而已。恰到好处的拒绝既有利于自己，也有利于别人。

下面是委婉拒绝的技巧：

1.假托直言

直言是对人信任的表现，也是与对方关系的体现。但是多数情况下直言因逆耳而不能收到预期的效果。在这种情况下，要拒绝、制止或反对对方的某些要求、行为时，可采取假托由于非个人的原因而加以拒绝，这样对方就容易接受。

例如：某报社的推销员登门要求你订阅他们发行的报纸，可你不想订阅。你可以很有礼貌地说："谢谢。你们的服务很周到，可是我家已经订阅了其他几家报社的报纸了，请谅解。"

2.反复申诉

当别人侵犯了你的权利时，你要维护你的权利，应该学会在冲突情境中有效地反复表达你的意见。

例如：你到商店去买东西，由于购物的人多，售货员少找给你10元钱。你向售货员提出，售货员因记不清而引起了纠纷。这时你要以一种平静而重复的声音诉说是如何少找给你钱的，直到问题得到解决。下面这段店员和买主的对话就是一个很好的例子。

买主："小姐，你少找给我10元钱。"

店员："不会吧，我们总是一手交钱，一手交货。"

买主："我相信你们总是这样做的，可是你确实少找给我10元钱。"

店员："你有发票吗？"

买主："有（拿出发票）你看，就是差了10元钱。"

店员："（看发票）你在这里买的是两双儿童的靴子。"

买主："不错，你再算算，就是差10元钱。"

店员："你看过你的衣袋没有？你是不是掉在哪儿了？"

买主："不会的，我没动地方。我衣袋里再没有钱了。"

店员："现在没法结算，快闭店时我们结账，你来一趟好吗？"

买主："好，我相信您一定会想起来的。"

3. 模糊应对

如果由于某种原因不愿意或不便于把自己的真实想法说给对方，这时可以用模糊语言来应对。

例如：在医院里，一位患有严重疾患的病人问医生："我的病是不是很重，还有康复的希望吗？"

医生回答："你的病确实不轻，但是经过治疗，安心养病，慢慢会好的。"

这里的"慢慢会好"是模糊语言。这"慢慢"是多久，是说不清的，但给病人以希望，对病人是一个极大的安慰。

4. 热情应对

明确表示你希望满足对方的要求，并表示同情，可是实际上是心有余而力不足，请对方谅解，而不直接拒绝。这样也能收到良好的效果。

例如：刚普及固话的时候，客户要求电信局安装住宅电话，由于供不应求，无法一一满足，但又不能拒绝客户的要求。回答时，应表示同情，并热情地说："满足客户的要求是我们应尽的责任，可是由于目前线路短缺，还不能全部解决，我们正创造条件，请您耐心等待。"

5. 借助第三者

对对方提出的问题给予回避性的回答，而不直接否定对方提出的不合己意的问题。

例如：你的同学问你"某某小说写得很不错，你认为怎样"。

你可以这样回答："还可以，不过我更喜欢某作家的某一本小说。"

再如，星期天你的妻子说："今天我们去看话剧好吗？"而你不愿去，可以说："去看电影怎么样？"这种回答不会引起对方的反感，对方可能会同意你的意见。

◎ 批评之前先了解事实情况

富兰克林曾经提醒我们："当发怒和鲁莽开步前进的时候，悔恨也正踩着两者的足迹而来。"

遇到不如意的事情就勃然大怒，只不过是宣泄自己的不满情绪而已，绝不能解决问题，或是走出困境。

某企业的一个市场调查科长，因为提供了错误的市场信息而造成了企业的重大损失。犯了这样严重的错误，毫无疑问，企业总经理可以不问理由地对他进行斥责，甚至撤职。

但是，这位怒上心头的总经理还是忍了忍，他想先了解一下：到底是这位科长本身不称职而听信了错误信息呢，还是由于不可预料的原因导致的？

于是，这位经理压下了心中的怒火，只是心平气和地把科长叫来，叫他把判断失误的原因写一个报告交上来。

几个月之后，这家公司因为这位市场调查科长提供的信息极为准确而饱赚了一笔。

于是，总经理又叫人把那个科长请来，说："你上次的报告我看了，你们的工作做得不太细致，有一定责任，但主要是不可预测的意外原因造成的，因此公司决定免除对你的处罚，你也就不要把它再放在心上，只要以后吸取教训就行了。这一次，你做得不错，为公司提供了重要信息，我们要表扬你。"

说完之后，总经理随即从办公桌里拿出一个红包递给他，这个科长接过来时，不禁眼眶泛红。

因此，千万要切记，在开口批评人之前，一定要了解事实，在心里问一下自己："我不会搞错吗？"

否则，乱指责人，不仅会落个乱骂人的坏名声，事后还得向下属赔礼道歉。

然而，就算是你能放下架子，坦率地向下属说："对不起，是我弄错了。"下属所受的伤害和对你的憎恶，却很难一下子就冰释。

如果你了解这个错误确实是下属犯的，也还要进一步调查和思考：这个下属该承担多大的责任？错误的原因是不可避免的，是一时的疏忽，还是责任心不强，甚至是明知故犯？

因此，你一定要管好自己的口，要牢记一句话：“没有调查就没有发言权。”见到问题时，先别忙着发怒和批评人，而是去了解情况。

这样一来，主动权就操纵在你的手里，你想在什么时候、采取什么方式对他进行批评，完全由你决定。

◎ 赞美对方不易为人知的优点

就算再差劲的人，也会有一两处值得赞美的优点。例如一个人或许没有什么优点，但玩台球的技术却很高明，或者酒量非常好，这些都可以加以利用。

虽然有的人很在意自己的这些小优点，也有的人根本就不在意，但无论如何，别人赞美他，一定会使他感到高兴的。

事实上，有时锦上添花式的赞美，引不起对方太大的喜悦。例如对一位已被公认是很漂亮的女孩子说“你真漂亮”，由于她平时已被夸赞惯了，所以很难让她觉得兴奋。

相反，若能找出对方较不易为人所知的优点，则往往可以使对方感到意外的喜悦，甚至带来意想不到的结果。

有一家商店生意非常兴隆，原因就在于他们店里的每一位店员都不断地与购物的人聊天。他们除了会向客人打招呼之外，还不断地找客人的优点来夸赞。例如他们会向一位太太表示，“你这件洋装很漂亮”，然后向另一位太太表示，“你的发型很好看”。他们虽然不断地赞美别人，但却是按每一个客人的个性，选择适当的赞美词。

因此很自然地，这些客人在潜意识中，就会产生到这家商店购物就可以受到赞美的心理，而越来越喜欢到这家商店。

如果我们每次见面都被人夸赞，自然而然地会想再见到这位赞美我们的人，这是任何人都会有的心理。因此，每次见面都找出对方的一个优点来赞美，可以很快地拉近彼此的距离，起到意想不到的效果呢！

附近一间小小的理发室有两个师傅负责设计发型，一个小学徒专门洗头。老实说，很多人都同情那个瘦小的学徒，看得出她很想学发型设计，但由于工作繁杂，加上两位师傅态度冷淡，她只能默默地在肥皂泡沫中消磨她可怜的青春。

有一天，机会来了。新年前的一个月，两个师傅要求加薪不遂，一起辞职，一时请不到人，老板除了亲自上阵外，还给小学徒进行“速成训练”，另外再请个小工负责洗头。

来理发的人把这一切看在眼里，一日，踏入店内，特地指定小学徒来吹饰头发，小学徒受宠若惊，拿着吹风机的手在微微发抖。卷吹梳弄一小时后，朝镜一望，哎呀，那发型硬邦邦的，好似戴了一顶不合时宜的帽子，小学徒侍立一旁，眼巴巴地望着来理发的人，来理发的人却露了个笑容，说：“梳得真不错呀，谢谢你！”

这个“善意的谎言”给这位少女带来了自信心。再去时，来理发的人依然指定由她吹饰，小学徒脸上有笑，双手不抖，卷弄梳理，极有韵致。照向镜子时，来理发的人不由得真心实意地说道：“你梳得实在很好哩！”

小学徒脸若鲜花，灿然生辉。

赞美如花香，芬芳而怡人，能以赞美之言予人者，必得人缘。所以，和人相处，最重要的就是赞美。基督教唱赞美诗，佛教唱炉香赞，说明神、佛也要人赞美，何况一般人呢。尤其当一个人灰心的时候，一句鼓励的话，能令他绝处逢生；当别人失望的时候，一句赞美的话，能使他重见光明。要想获得友谊，诚心地赞美别人，必定能如愿。

赞美有时也无须刻意修饰，只要源于生活，发自内心，真情流露，就会收到赞美之效。但要更好地发挥赞美的效果，也需要注意以下几个要点：

1. 实事求是，措辞恰当。当你准备赞美时，首先要掂量一下，这种赞美，对方听了是否相信，第三者听了是否不以为然，一旦出现异议，你有无足够的理由证明自己的赞美是有根据的。

一位老师赞美学生们："你们都是好孩子，活泼、可爱、学习认真，做你们的老师，我很高兴。"这话很有分寸，使学生们既努力学习，又不会骄傲。但如果这位老师说："你们都很聪明，将来会大有出息，比其他班的同学强多了。"效果就大不一样了。

2. 赞美要具体、深入、细致。抽象的东西往往不具体，难以给人留下深刻印象。如果称赞一个初次见面的人"你给我们的感觉真好"，那么这句话一点作用都没有，说完便过去了，不能给人留下任何印象。但是，倘若你称赞一个好推销员："小王这个人为人办事的原则和态度非常难得，无论给他多少货，只要他肯接，就绝对不用你费心。"那么，由于你挖掘了对方不太显眼的优点，给予赞扬，增加了对方的价值感，因此赞美起的作用会很大。

3. 热情洋溢。漫不经心地对对方说上一千句赞扬的话，等于白说。缺乏热情的空洞的称赞，不能使对方高兴，有时还可能由于你的敷衍而引起对方的反感和不满。

4. 赞美多用于鼓励。鼓励能让人树立起自信心。自信是成功的一半，用赞美来鼓励对方，能达到事半功倍的效果，尤其是在“第一次”。无论任何人干任何事情，都有第一次，即便对方第一次干得不好，你也应该真诚地赞美一番：“第一次有这样的表现已经很不容易了！”别人会因为你的赞美而树立信心，下次自然会做得更好。

5. 借用第三者的口吻赞美他人。赞美随时随地都能听见，面对面或直接地赞美对方，总有点恭维奉承之嫌。若换个角度，换种说法，也许就好多了。

以第三者的口吻来赞美对方，说：“难怪张总一直说你很不错，今日一见……”可想而知，对方一定很高兴。因此，当面赞扬一个人，有时会令人感到虚假，怀疑你是否出于真心，而间接地在背后赞美对方，会使对方感到你对他的赞扬是真诚的。

6. 赞美要注意适度。过度地赞美，空洞地奉承，都会令对方感到难以接受，甚至感到肉麻、讨厌，结果适得其反。只有适度地赞美才会令对方感到欣慰。适度因人、因时、因事、因地而异，需要不断摸索积累，逐步掌握。

◎ 时刻不忘说声“谢谢”

在任何一部汉语词典里，很少有词语一讲出就能立刻赢得一个人的好感，起到化敌为友、抚平自私心理、提高自尊心的作用。然而，“谢谢”这个词却有这个魔力。但“谢谢”却常常被人轻视，或因太简单而忽略，以致许多人因此而与好人缘失之交臂。我们常常听到这种抱怨，“我并不介意做这些事，只要他每次能说声‘谢谢’”，甚至说，“我为她做了那么多，她连声‘谢谢’都不会说”。

说声“谢谢”本是世界上最容易也是最为可靠的办法，如果你想成功地开展工作和取得别人合作的话，更不用说赢得友谊和影响人们了。

那么，在交际中，怎样说谢谢呢？表达谢意可以用很多方式说出来。然而，无论被怎样打扮，譬如用鲜花、午餐回报，或者其他方式，这个词，或它的一种变化，一定要说出来或写下来。以下是一些传播这个不起眼但绝对重要的信息的方法：

1. 说出“谢谢”。告诉他，他为你做的对你来说是很重要的，以及在哪一方面帮助了你：“我真的非常感谢你对我在学习上的帮助。”

2. 给予赞扬。让他知道你认为他为你做的事是很特别并值得珍藏的："谢谢你的咖啡，我想我会记你一辈子。"

3. 予以回报。告诉他你感谢他为你做的，并准备回报这个好心人："我很感激你能在开顾问会议时回我的电话，以后只要有用得上我的地方，请随时找我。"

4. 写个便条表示谢意。说声"谢谢"是很有作用的，但写下来会更胜一筹。不妨亲笔写一个便条表达你的谢意。

5. 电话致谢。"我打这个电话就是为了感谢你……"

6. 送份礼物。送份礼物并附上一张便条。只要你送的礼物能够非常适当地表达出你的感谢，送什么并不重要。一个老板请他的秘书去看了场一流水准的高尔夫球赛。为了投桃报李，她买了一个独特的礼物——一个高尔夫球棒的微缩模型，然后写了个感谢的便条放在礼品盒里一并送给了他，老板收到后深感欣慰。

7. 传达谢意。告诉别人你有多感谢他为你所做的一切，最后这话一定会传到给予你帮助者的耳朵里去："王敏这人真好，她帮我安排了那次会议。要是没有她的帮忙，我真不知该怎么办好。"当你的谢意通过别人的嘴传到她的耳朵里时，定会增色不少。

8. 提供帮助。与他们在一起，主动提出为他们的工作助一臂之力。比如帮助写个长篇报道："我来帮你干这事儿。甭客气，你帮我的次数可太多了。"

9. 请客吃饭。邀请你要感谢的人去吃午餐或晚餐，一定要表明你这是为了感谢他的帮忙。如果你邀请的是已婚者，应当把他的配偶一并邀请去。

10. 报答捐款。如果一个环境学家曾用心地指导过你的一篇论文，不妨为他心爱的环保事业捐一笔款，这也许是对他最好的感谢，但也别忘了说"谢谢"。你可以打个电话或写个便条去感谢他，并告诉他你所做的。他一定会为你所做和自己曾经所做的事感到高兴。

◎ 改掉不良的说话习惯

如果一个人的脸上长有疤痕，可以从镜中窥见，可以使用化妆品或药品加以治疗弥补。同样，谈吐方面的缺陷也可以改变，关键是在治疗之前，自己要能够清醒地认识到自己的这些缺陷。如果不清楚自己说话的缺陷，也可以试着拿一面镜子对照自己说话的姿态：是否手势过多，是否翘起嘴角，是否表情难看，是否过于冷漠、紧张、僵硬，是否强抑声调……

以下几点是我们说话中常有的缺陷，我们可以对照检查，并加以改正：

1. 说话用鼻音

用鼻音说话是一种常见且影响极坏的缺点，当你使用鼻腔说话时，就会发出鼻音。如果你用大拇指和食指捏住鼻子，你所发出的声音就是一种鼻音。如果你说话时嘴巴张得不够，声音也会从鼻腔而出。在电影里，鼻音是一种表演技巧，如果演员扮演的是一种喜欢抱怨、脾气不好的角色，他们往往爱用鼻音说话。鼻音对于女人的伤害比对男人更大，你不可能见到一位不断发出鼻音，却显得迷人的女子。如果你期望自己在他人面前具有极大的说服力，或者令人心荡神移，那么你最好不要使用鼻音，而应使用胸腔发音。正确的方法是，说话时上下齿之间最好保持半寸的距离。

2. 声音过尖

一个人受到惊吓或大发脾气时，往往会提高嗓门，发出刺耳的尖叫。一般女性犯此错误居多，要多加注意。因为尖锐的声音比沉重的鼻音更加难听。你可以用镜子检查自己有无这一缺点：脖子是否感到紧张？血管和肌肉是否像绳索一样凸出？下颚附近的肌肉是否看起来明显紧张？如果出现上述情形，你可能会发出刺耳的尖声。这时你就要尽快让自己放松下来，同时压低自己的嗓门。

3. 说话忽快忽慢

一般来讲，说话的速度很难掌握，即使是一些职业演说家或政治家，有时也不容易把握好自己说话的速度。说话太快，别人就听不懂你在说些什么，而且听得喘不过气来。说话太慢，人们就会根本不听你说，因为他们缺乏一种耐心。据专家研究，适当的说话速度为每分钟120～160个字，当我们朗读时，其速度要比说话快。而且说话的速度不宜固定，你的思想、情绪和说话的内容会影响你表达的快慢。说话中把握适度的停顿和速度变化，会给你的讲话增添丰富的效果。

为了测量自己说话的速度，你可以按照正常说话的速度念上一段演讲词，然后用秒表测出自己朗读的时间。如果你说话的速度每分钟不到上面那个标准，就可以试着调整说话速度，看是否会收到良好的效果。

4. 口头禅过多

日常生活中，人们听到这样的口头禅，如“那个”“你知道不”“是不是”“对不对”“嗯”等。如果一个人在说话中反复不断地使用这些词语，一定会损害自己的形象。口头禅的种类繁多，即使是一些伟大的政治家在电视访谈中也会出现这种毛病。

当然，谈话中“啊”“呃”等声音过多，也是一种口头禅的表现，著名演说家奥利佛·霍姆斯说：“切勿在谈话中散布那些可怕的‘呃’音。”如果你有录音机，不妨将自己打电话时的声音录下来，听听自己是否有这一毛病。一旦弄清了自己的毛病，那么以后在与人讲话的过程中就要时时提醒自己注意这一点。

下面介绍几种克服口头禅的方法以供参考：

默讲。出现口头禅的原因之一，是对所讲的内容不熟悉，讲了上句，忘了下句，此时就要用口头禅来获得一点思考的时间，以便想起下句话。事前默讲几遍，对内容、措辞十分熟悉，正式讲话时就能减少或不出现口头禅了。

朗读。克服口头禅的朗读法，就是将自己的口语，从不清楚变为清楚、流利的语言。如果内部语言流畅贯通，就不会出现口头禅。出声朗读老舍、叶圣陶等语言大师的作品，有助于用规范的语言来改善自己的语言。

耳听。广播员、演员的语言一般都较为规范，没有口头禅。平时听广播、看电影时，可一边听一边轻声跟着说。久而久之，你会惊喜地发现：自己的口语精练了，口头禅少了，连普通话水平也提高了。

练习。听听自己的讲话录音，会对自己讲话中的口头禅深恶痛绝。这样，往往能使自己讲话时十分警惕，口头禅也会随之变少。

慢语。在一段时间内，尽量讲慢些，养成从容不迫地思维和说话的习惯，一句句想，一句句说，对克服口头禅有很好的效果。

5. 讲粗话

讲粗话是恶习。俗话说，习惯成自然。随便什么事情，只要成了习惯，就会自然地发生。讲粗话也是如此，一个人一旦养成了讲粗话的习惯，往往是出口不雅，自己还意识不到。

讲粗话是一种坏习惯，是极不文明的表现，但要克服这种习惯也并不是一件易事。比较有效的办法是，找出自己出现频率最高的粗话，集中力量首先改掉它。首先是改变讲话频率，每句话末停顿一下；其次讲话前提醒自己，改变原有的条件反射。出现频率最高的粗话改掉了，克服其他粗话也就不难了。

请别人督促也很重要。当然，这里的“别人”最好是了解自己的人，这样督促起来可以直截了当。由于有时自己讲了粗话还不知道，请别人督促就能起到提醒、检查的作用。

督促还有另一层心理意义，那就是造成一种不利于原有条件反射自然发生的外界环境，以促进旧习惯的终止。

6. 动静过多

动静过多，意即说话时动作过于频繁。可以检查一下自己，是否在说话时不断出现以下动作：坐立不安、蹙眉、扬眉、歪嘴、拉耳朵、摸下巴、搔头皮、转动铅笔、拉领带、弄指头、抖腿等。这都是一些影响你说话效果的不良因素。当你说话时，动作过于频繁，听者就会被你的这些动作所吸引，根本不可能认真听你讲话。

不良的说话习惯会损害你的形象，影响说话的效果，妨害人际关系，为自己的人生带来很多不利的影响。因此在平时就要注意自己的一言一行，检查和纠正自己说话的缺陷和毛病，把话说得完美动听，天衣无缝。

◎ 隐晦纠正他人的错误

常言道："人非圣贤，孰能无过？"人都免不了会犯这样那样的错误，且人们犯了错误都很难及时醒悟，甚至不愿承认。这样，就有必要有人对他人的错误及时给予纠正，而纠正他人的错误又是一种得罪人的事。

小黄刚到公司上班的第一天，晚上加完班，老板提出，为了犒劳大家，请大家去唱卡拉OK，小黄和部门同事兴高采烈地接受了邀请。进了包房，小黄很自然地在离自己最近的一个沙发坐下。老板进来后，发现沙发已经被坐满了，就顺势坐在小黄身边的一把椅子上。

过了半个小时，老板离开了。小黄万万没想到，老板一走，其乐融融的气氛大变，室温仿佛骤然下降了十几摄氏度。一个男同事语气激动地指责小黄："你这人怎么这么没眼色？老板坐在你旁边，都不知道让个座？真是太不懂事了！"

长到23岁，小黄从没被人这么大声训斥过，尤其是还当着全体同事及KTV服务生的面。她的脸一下子红到了脖子根，委屈的眼泪也忍不住在眼眶里打转转，心中不禁无限懊恼："啊，自己怎么就缺根筋呢？老板以后会怎么看自己？"

这位男同事的初衷可能是想教小黄在职场上如何做人，但说话方式不太恰当，不仅让小黄尴尬，也破坏了当时的气氛。其实，如果早先他主动给老板让座，别人看在眼里，自然能心领神会，效果不是更好？

并不是每个人都乐意倾听他人的批评，接受他人的批评的。有的人做错了事，不但不会坦然地承认，反而还会找出种种理由为自己的错误辩护。从人的心理来看，即使是极小的疏忽或错误，也不可能每个人都能在一经指正之后就坦率地、不做解释地承认。但是，现实生活中，无论父子、兄弟、上下级、同事，还是知己、朋友，绝对不批评别人是不可能的，也是行不通的。

那么，在纠正他人的错误时应该采取什么样的易于为对方所接受的说话方式呢？以下方法可供参考：

1. 对人要具有极大的同情心，这样我们就不仅不会对人吹毛求疵，反而会对其产生错误的原因加以谅解。而且，我们要时刻想着自己与对方是站在一边的，而不是和他敌对的。

2. 说话要温和委婉，不可用刺激的或使人听了不舒服的字眼。如果说话会令人无法忍受，那么即使对方嘴上承认，心里也是不会服气的。

3. 纠正他人的错误的言语越少越好，最好能一两句就使对方明白，然后转至其他话题，不可啰唆不绝，使对方陷于窘境，甚至产生反感。

4. 别人做错了事情，我们对其不妥之处固然须加以指出，但对其可取之处更须加以极大地赞扬。这能使对方保持心理平衡，心悦诚服。

5. 改变他人的意见时，最好能设法将自己的意见不知不觉地移植给他，使他觉得是他自己改正了，而不是由于受了我们的批评。

6. 对于别人出现的不可挽回的过失，我们应该站在朋友的立场上，给予恳切正确的指正，使他知过而改，而不能对之施以严厉的责问。

7. 纠正别人过错时，切忌采用命令的口吻，最好采用请教式的语气。

8. 旁敲侧击，隐晦地指出别人的错误，以保护对方的自尊心，使他自觉地改正过失。

当然，纠正错误的方法是多种多样的，但都不外乎是讲究策略，只要我们做到了这一点，就能成功。

◎ 超级聊天术：魅力说话的六大艺术

有些人说话虽然在内容上不占优势，但他的说话方式却会给人一种非常迷人、令人舒服的感觉。毕竟说话者有其本性，每一次对话都会因为说话技巧的不同而有各种不同的回响、反应。那么，使对方愿意听我们说话并把他步步引入对话的绝佳境地有什么技巧呢？

1. 风格明快

生活中大多数人不喜欢晦暗的事物，即使草木也需要阳光才能生长。同样，给人阴沉感的谈话，会让人有疑虑感、厌恶感及压迫感。反之，说话简洁明快，则容易让人接受。

2. 声音独特

有的人说话的声音给人一种享受，因为他的嗓音实在是很动人。他们谈话时，非常注意说话的声音，而选择说话的声音，完全依靠他们的天赋、个性及所要表达的情感而变化。有条件的话，你可自我充当对象，把自己的话录下来再仔细地听，你可能会吃惊地发现，自己说话竟有那么多毛病。这样经常检查，发音的技巧就会不断提高。

3. 注意表达方式

每个人都有自尊心，很容易因为某些微不足道的事就感到自尊心受损。如此一来，你要在谈话中稍不注意说话的方式方法，对方就会立即反射性地表现出拒绝的态度。所以，要想让对方听你说话，首先得倾听对方要表达些什么。之后，采取正确的说话方式表达你的意见，要照顾对方容易受伤害的感受。

4. 语调自然

自然的声音总是悦耳的，在交谈中我们应该注意，交谈不是演话剧，无论你是什么样的语调，都应自然流畅，做作的声音只能事与愿违。当你交谈的对象不是一个人，而是许多人时，应采用以下的技巧：当前一个人声音很大时，你开始说话时就可以压低声音，做到低、小、稳；当前一个人音量较小时，你的开始句就要略提高嗓门，清脆响亮，以引起大家的注意。

5. 习惯用法

人类生存在当今的语言环境中，对于语言拥有自己的运用标准，一旦不符合标准，就会产生不协调的感觉，其中包括语气与措辞。在人际关系中，确实有必要根据实际情况或对方是谁而分别使用适当的语言。如果不分亲疏远近，一律以和同事谈话时的措辞来谈，那么对方将不会老老实实地听我们说话。

“太好了！”“好棒哟！”“真可怕！”这些都是一般女孩子说话时常会冒出来的感叹词。当然，这也是一种感情洋溢的表现。一句话若没有抑扬顿挫，则流于平淡，引不起对方的兴趣，若能添一些感叹词，则能融洽彼此谈话的气氛，但要适可而止，过多的感叹词，亦会抹杀言词的重要性，使对方不能分辨你的意思。

6. 思路清晰

当之前的谈话争论不休，而且没有头绪时，你站出来讲话，就要力求语句简短，声音果断，有条理。

CHAPTER 3

不怯场，和谁都能聊尽兴

怯场指的是在人前，尤其是人多的场合，因紧张害怕而不敢说话，或者说话时显得拘谨不自然。人都有羞怯感，在某些交际场合中，由于各种原因“羞于启齿”是很正常的。但是，在社交活动中，说话是人们传情达意、交流思想的手段，如果“羞于启齿”，就会造成交际障碍。

◎ 形象传达正能量

良好的形象是成功交谈、和谐人际关系的良好开端。因此在与人的初次交谈过程中，要注意保持良好的形象。

现代社会是一个注重仪容的文明社会，人们可以从一个人的穿着打扮，看出他的审美水平、文化修养以及综合素质。整洁大方的形象，不仅能展示一个人的个性魅力，更能体现他对别人的礼貌。

一个人在人际交往中，形象就是一张活生生的“名片”。它往往是先于语言而给人一个鲜明的印象，对语言交际的顺利开展和优化效果起着不可估量的作用。

生活中常有这样的情形：一个形象很好的人，即使他没主动同别人打招呼和交谈，周围也有不少人对他产生好感，愿意亲近他，同他攀谈、交际。这样，他的语言交际自然就有了良好的前提，未开口便有了成功的基础。

形象是一个人自我形象的外部表现，包括面容、服饰、风度和举止等方面，是一种能传递信息的态势语。

无论你是在外交场合，在公关场合，在求职的口试场合，还是在谈恋爱的初次约会场合，都应该非常重视形象美。人的形象主要包括身材、长相、容貌、服饰等方面。这里需要说明的是，形象实际由两方面的因素组成。

一是先天的，或者自然形成无法改变的，如长相、身材。

二是后天的，通过修饰、打扮等可以加以改变和优化的，如通过美化容貌和讲究服饰等。

服饰打扮具有明显的信息暗示功能，服饰的颜色、式样、档次和搭配，均可以显示一个人的性格爱好、文化修养、生活和风俗习惯。有研究表明，讲究衣着打扮的人自尊心和工作责任心较强，而穿着过于随便者多半不拘小节。在初次交往中，讲究衣着打扮的人能给人留下比较深刻的印象。

具体说来，穿着打扮既要自然得体，协调大方，又要遵守某种约定俗成的规范或原则。服装不但要与自己的具体条件相适应，还必须时刻注意客观环境、场合对人的着装要求，即着装打扮要优先考虑时间、地点和目的三大要素，努力使穿着打扮的各方面与时间、地点、目的保持协调一致。

此外，形象还包括气质。气质是指人相对稳定的个性特点、风格和气度，是人的心理行为所表现出来的动作特征，是一个人仪表的总和。通俗地说，人所具有的气质，就是平常人们所说的脾气或秉性。

培养气质首先要坚信自身气质是可以培养造就的。其次要充分地认识自我气质的类型，深刻地分析自我气质的特性，发展积极的品质，限制消极的品质，扬长避短，择优互补，以完善和优化自身的气质。气质的培养还需要在文雅情趣的建立、文明举止的培养，特别是文化素养的提高上狠下功夫。实践说明，一个人的文化素养越高，就越容易观察并吸收各类气质的长处，来丰富和美化自我。这样，就会在他身上集中显现出各种气质的优点，从而使仪表特征更为突出，更为丰满。

◎ 克服说话恐惧症

在我们的生活中，可能有这样两种人。第一种较为普遍，每当在众人面前讲话、发言时，他们总是面红耳赤，心惊胆战；第二种也为数不少，他们总是喜欢嘲笑不会说话的人，当一个善良、纯真的人出现在大家面前，因为太过紧张以致口齿不清或逻辑颠倒时，他们就不遗余力地嘲笑、讥讽他，让他无地自容。由于有这两种人的存在，所以社会上出现了大量的恐惧说话者。而患上这种说话恐惧症的人怎样才能摆脱这种令人懊恼的困境呢？答案只有一个，那就是：鼓足勇气，面对挑战。

一个人说话能否成功，与他是否具有说话的胆量关系重大。如果我们纵向、横观古今中外，就会发现，世界史上的善辩家，有很多都是在最初被认为是说话笨拙的人，像林肯、田中角荣等世界著名的演说家的第一次演讲都是失败的，那么，他们为何会在如此差的基础上获得如此令人惊奇、注目的成功呢？除了艰苦勤奋、坚持不懈地努力练习之外，恐怕勇敢面对现实，大胆面对挑战，不能不说是一条他们成功的主要原因。

出生于雅典的狄里斯可谓是典型的一例了。狄里斯在西欧被称为“历史性的雄辩家”。据说，他天生声音低沉，且呼吸短促，口齿不清，旁人经常听不到他在说些什么。

当时，在狄里斯的祖国雅典，有很严重的政治纠纷，因此，能言善辩的人便格外受重视，引人注意。尽管狄里斯是一个知识非常渊博、思想十分深邃的人，擅长分析事理，能预见时代潮流和历史发展趋势，但是，他认为，自己缺乏说话的技巧，是容易被时代所淘汰的。于是他做了一番周密细致的思考，准备好了精彩的演讲内容，第一次走上了演讲台。不幸的是，他遭到了可怕的失败，原因就在于他低沉的声音、肺活动量不足和口齿不清以致听者无法听清楚他所言何事。

但是狄里斯并不灰心，他反而比过去更努力训练自己的说话胆量。他每天跑到海边去对浪花拍击的岩石放声呐喊；回到家中，又对着镜子观察自己说话的嘴形，做发声练习，一直坚持不辍。狄里斯如此努力了好几年，终于功夫不负有心人，再度走上台演说时，博得了热烈的喝彩与激烈的掌声，并一举成名，闻名遐迩。

有人曾问英国著名文学家萧伯纳："你是怎样学会那么精彩的演讲的？"他回答说："就跟我学溜冰的方法一样，就是出丑也在所不惜，直到我娴熟为止。"年轻的时候，萧伯纳也曾是个害羞的人，他常常在想去拜访的人家屋前来来回回走上20分钟，始终不敢上前去叩门。对此他曾有感而发："大多数受苦最深的常是那种简单的懦弱，或者对它深以为耻的难过。"

后来，萧伯纳终于找到了克服羞怯的最万无一失的办法。他下定决心要化弱点为长处，鼓足勇气，面对挑战，他拿出超人的勇气，参加了辩论社团，伦敦只要有公开讨论的辩论会，他是逢会必到，而且一定要参加发言，据理力争。萧伯纳的努力终于得到了回报，他一举而成为当时最出色的演说家之一。

如果说狄里斯、萧伯纳的事例还不够典型的话，那么，长期任菲律宾外交部长的罗慕洛的一次成功演说则更能说明说话自信心的无比重要。

1945年，联合国创立会议在旧金山举行。罗慕洛作为一个当时还未独立的国家的代表团团长和个子十分矮小的人，自然显得是无足轻重，他被应邀发表演说，讲台和他差不多高，但罗慕洛没有胆怯而是镇定自若，等到大家静下来，他鼓足勇气大胆地说了一句："我们就把这个会场当作最后的战场吧。"全场顿时寂然，接着爆发出一阵掌声，罗慕洛出口不凡，引起轰动，他便放弃了预先准备的演讲稿，畅所欲言，思如泉涌，取得了巨大的成功，令在场的无数外国高手刮目相看。后来，他的一些精辟的言辞还被报纸登载出来。

我们完全可以设想，倘若罗慕洛当时因自己无足轻重、不惹人注目而有所胆怯，就可能失去这次充分展示自己才华的机会。

◎ 不必担心被人取笑

我们身边总有一些人，没开口就怕人家笑，就是与熟人在一起也闭口无言。结果是有意见不敢说，事事无成。为什么我们会变成这样的人呢？

可能是因为我们从小缺乏集体生活，孤独惯了，对人太不了解。也可能是因为某几次的谈话失败了，为了避免谈话的失败，于是索性就不再开口。也可能是你怕羞，你怕人们听了笑话你，或是在心里笑你，所以认为不说为佳。

还有，在你的生活圈子里，工作单位中，有这么一些人，总在你身上找出他认为可笑的地方，来取笑你。你错，他固然要笑；你对，他也仍然要笑。无论你说得好，说得坏，总之，他就好像有天生的特权来取笑你似的。这种人到处都要用压低别人的方法来抬高自己，随时都以打击别人的自尊心，摧毁别人的自信心为乐为荣。有这么一些人存在，他不但是你口才不好的主要原因，恐怕他还会带给你其他方面的苦恼。如果你怕羞，胆怯自卑，优柔寡断，那你的口才还会更糟。

如果你是比较普通的怕羞不敢开口的人，这里可告诉你一个简单而又有效的方法。首先你要好好地回忆一下，把以前被人笑过的事实追忆出来：

在你几岁的时候？在什么人面前？是为什么事情？受了什么刺激？

现在我们只要把以前取笑你的，或是使人笑你的那句话，在回忆中找出来，让我们认识清楚恐惧的来源，挖出自己恐惧的根，我们就不觉得害怕了。

其次，也要把你现实生活中的遭遇，特别是有关口才之类的事，想一想，对自己多问一问：

你不是怕别人笑你吗？你为什么怕人笑你呢？一定有人笑过你，你才会怕人笑，如果你从小到大从来没有被人取笑过，你怎么会怕呢？

你自己还可以分析一下：

不是有一个人取笑过你吗？那么，这就是说，并不是每一个人都取笑你。不是你曾经说了某一句话，别人才取笑你的吗？这就是说，并不是你每说一句话，别人都取笑你。如果是你说的话可笑，可笑的只是那句话，那么，别人笑的只是你的那句话，不是笑你。如果别人说了那句话，你听了也会笑的，你难道就没有笑过别人吗？谁都笑过别人，谁也被别人笑过，这是很平常的事。自然，你必须弄明白，为什么那句话可笑？

还有，如果那个笑你的人是一个喜欢取笑别人的人，那么，多半错不在你身上。因为，这个人不只取笑过你，还取笑过别的人。你只要避免在这个人的面前说话就可以了，不必对所有的人都加以戒备。

因此，我们一方面不要因怕别人取笑，就什么话都不敢说；另一方面，千万要警惕自己不要沾染恶习，随便地去取笑别人。

人与人之间应该互相尊重、互相同情、互相帮助，不应互相轻视、互相讥笑、互相欺侮。如果你轻视别人，自然也会被别人轻视。

遇见那些因为怕羞而沉默寡言的人，应当体贴他们、尊敬他们、鼓励他们、同情他们，使他们大胆地说话，自由地说话。不要因为他们不说话，就以为他们什么都不懂，其实，他们心里储藏着许多宝贵的意见，也隐藏着许多急于要问人的疑难呢。

◎ 放下包袱调节自卑心理

在一个人的成长过程中，自卑感总是不同程度地存在着。奥地利著名心理学家阿德勒认为，自卑感起源于幼年时期由于无能而产生的不信任、不自信、胆怯和痛苦的感觉。从普通心理学来说，自卑感一般指个人由于某些生理缺陷或心理缺陷及其他原因如智力、记忆力、判断力、气质、性格、技能等欠缺而产生的轻视自己，认为自己在某个方面或几个方面不如他人的心理。自卑心理容易使人孤独、离群、抑制自信心和荣誉感。当人的某种能力缺陷受到周围人们的轻视、嘲笑或侮辱时，这种自卑心理往往会大大加强，甚至以畸形的形式如嫉妒、暴怒、自欺欺人等方式表现出来。

以演讲为例，有些自信心弱的演讲者，在一次演讲中遇到失败，就一蹶不振，形成自卑和压抑心理，这对演讲是很不利的。其实，对演讲中的有利和不利条件应该辩证地看待并做具体的分析。

有的演讲者常常为自己的容貌、服饰、年龄、性别而惴惴不安；有的演讲者以自己的职业“不高尚”而自惭形秽；有的演讲者为自己演讲的内容过于平淡而认定自己难以成功；有的演讲者又以听众的文化教养、理论素质、欣赏水平不高或过高而感到忧虑、畏惧，等等。

其实，有些不利因素只要演讲者能够正确对待，想方设法加以改进，是可以变不利因素为有利因素的，大可不必把问题看得过于严重。特别是一些客观因素造成的不利条件，即使对演讲造成了某些干扰，听众也是可以理解的，演讲者完全可以放下思想包袱，全身心地投入到实际演讲中去，不要为一些小事影响了自己水平的发挥。

古希腊的演讲家德摩西尼从小有口吃的毛病，而且讲话时姿态也不好，老是一个肩高一个肩低，还爱不停地耸动。在崇尚口才的古希腊，像他这样的自然条件要成为一个出类拔萃的演讲家是很困难的。因而他十分苦恼，心中有很强的自卑感。不过，他并不气馁，没有被自卑所压垮。相反，他以超常的毅力和吃苦精神进行刻苦训练，每天清晨站在海边口含石子练习演讲。回到家中在两肩的上方悬挂两柄利剑，面对一面镜子练习演讲，以避免两肩抖动。经过几年的勤学苦练，德摩西尼终于练就了好口才，名列古希腊“十大演讲者”之首。

调节和克服人际交往、说话交流中的自卑感，首先要培养自我意识。即通过直接和间接的自我认识，进而对自己心理和身体特征加以研究而形成自我意识，或者通过自我监督和自我教育而形成自我意识等；其次要自我强化，即通过自己的行为结果来控制自己的行为；最后要进行自我暗示和自我激励，即不断在心里提醒自己不要自卑，要相信自己行，且不比别人差。纵使是处于不利的地位，也要鼓励自己增强自信。

自卑意识让一个人说话吞吞吐吐、欲言又止、没有底气，即使自己的意见和观点正确，也难以说清说明说准，造成人际交往的困境。要想与人融洽交谈，必须推倒心中自卑这堵墙，调节和克服自卑感，培养自我意识。

◎ 自然大方消除紧张心理

你自认为不善于表达吗？请不要为此烦恼，这是很正常的，你并不比别人迟钝，世界上哪有天生就辩才无碍的人呢？如果真有的话，那他不是天才，就是个爱出风头、思虑不周的人。

所有的人一开始都无法在众人面前畅所欲言，但是后来，有的人能成为著名的雄辩家、演说家，有的人却还停留在原地毫无进步。那些成功的人，大多能冷静地分析出自己的缺点，知道有什么该加强。然后，诚心诚意地说出自己准备好的话，这样才能让听者感动并会心一笑。

有些肤浅的想法，经常会成为自己表达的绊脚石。真正的秘诀是，在上台说话之前告诉自己：“我就照这个方法说吧！”下定决心之后，你就可以很轻松地说出来。很多时候我们只需要一点点的勇气和一点点的决断，而不是懦弱地站在那里，不知道该往何处走。

来到一个陌生的环境，遇见一群陌生的人，用什么态度去面对完全取决于你自己，那何不充满勇气，放手一搏呢？想想最坏的结果又能怎么样呢？

大多数人站在众多人面前开口说话，都会有程度不同的紧张感，虽然稍微口吃会增加听众对你的信赖感，但过度的话，情形就会大不相同了。要在大庭广众面前自然、流畅地说话的确不容易，这对每个人来说都是一种考验。

产生紧张的原因是多方面的。除了本身的心理因素外，还包括外界的一些因素。以演讲者为例，会场的气氛、环境、听众的感觉和表现都是影响演讲者心情的重要因素。有时候，一个人的羞怯或紧张似乎很难消除，这也是与人交往的最大的绊脚石。

面对这种情况，你要保持清醒的头脑，要清楚作为一个谈话者，你个人的状态对听众的影响是至关重要的，千万别把自己逼入自己制造的模子当中，使自己看起来紧张不安。一旦你能在人群中随意自如起来，就不可能再退缩，从而能以正常的平日的方式来表达自己的意见。

有许多人，通过呼吸来调整自己的紧张心态。改变发声也是消除紧张的一种方法，不过这种方法要训练相当长的时间。有时候会突然涌上一股紧张情绪，如何消除这种突发的紧张感呢？这就需要你的聪明才智和应变能力，即能否把你的紧张变成一种幽默。

姿态的表现是你内心的外露。有的人，举手投足都会引起人们的反感，即便从他嘴里说出再确凿的事实，听的人也会给他说的话打折扣。有许多事情，就是由于说话的人不拘小节而影响了沟通的效果。与人交谈最适当的态度就是自然、随和、亲切、真诚。

一个人只要能正确认识自己，清醒面对形势，再加上聪明才智和敢于自嘲，就会圆满达到沟通的目的。

◎ 岔开话题转移注意力

在交际过程中，难免会遇到一些尴尬的事情，让气氛骤然紧张、难堪，这时学会转变风向，给对方一个“台阶”下，不仅能缓和对方的紧张心理，让事情得以顺利发展，而且还会让彼此的关系更进一步。要达到这样的目的，我们不妨学习使用以下的3种技巧：

1. 变换谈话的气氛

在一些严肃的场合，在场者有时会被一两件突发事件搞得哄堂大笑。这会严重破坏严肃场合的庄重气氛，不利于活动的继续推进。面对这类突发事件，我们应当表现出较强的自制能力，尽量不受其影响，然后拿出一如正常状态下的严肃态度来应对此事，使之成为正常环节中的普通一环。

第二次世界大战期间，一位德高望重的英国将军举办了一次祝捷酒会。除上层人士之外，将军还特意邀请了一批作战勇敢的士兵。酒会热烈隆重。没料想一位从乡下入伍的士兵不懂席上的规矩，捧着面前的一碗供洗手用的水喝了，顿时引来达官贵人、夫人小姐的一片讥笑声。那位士兵一下子面红耳赤，无地自容。此时，将军慢慢地站起来，端着自己面前的那碗洗手水，面向全场贵宾，充满激情地说道："我提议，为我们这些英勇杀敌、拼死为国的士兵们干了这一碗。"言罢，一饮而尽，全场为之肃然，气氛一下变了过来。稍顷，人人均仰脖而干。此时，士兵们已是泪流满面。

2. 变换话题的角度

在许多情况下，面对尴尬下不来台是因为思维框定在正常的状态之中。这对事态的发展毫无作用。如果我们换一种角度对其尴尬的举动做出巧妙、新颖的解释，便可使原本的消极举动具有了另外的内涵和价值，成为符合常理的行动。

有一次，全校语文老师都来听王老师讲课，校长也光临“指导”。这下可使小王犯难了。他既怕课讲得不好，又担心有的学生回答时表现不佳，有失面子。

课上，他重点讲解了词的感情色彩问题。在提问了两位同学取得良好效果后，接着提问校长公子：“请你说出一个形容一个人美丽的词或句子。”或许是课堂气氛紧张，或许是严父在场，也可能兼而有之，这位公子一时为难，只是站着。

空气凝固。王老师和校长都现出了尴尬的脸色。很快，这位老师便恢复正常，随机应变地讲道：“好，请你坐下。同学们，刚才这位同学的答案是最完美的。他的意思是一个人的美丽是无法用文字和语言来形容的。”听课者都发出了会心的微笑。

3. 变换对方的处境

突然间发现别人的失误或错误行为，但当这些失误或错误行为不会导致重大的损失出现时，我们应尽量克制自己的情绪，以平静如常的表情和态度装作不解对方举动的实际意图和现实后果，并且给对方找到一个善意的动机，变换对方的处境，让事态的发展朝自己所希望的方向推进，以免把对方逼到窘迫的境地。

一天中午，汪老师路过学校后操场时，发现前两天帮助搬运实验器材的几位同学正拿着一枚实验室特有的凸透镜在阳光下做“聚焦”实验。他想：他们哪来的透镜？难道是在搬运时趁人不备拿了一枚？实验室正好丢了一枚。是上去问个究竟，还是视而不见绕道而去？这时，一位同学发现了他，其余的慌忙站了起来，手拿透镜的同学显得很不自在。汪老师从同学们慌张的神情中判断出这透镜的来历。当时的空气就像凝固了似的。汪老师的脑子飞快地转着，终于想出一个处理办法。他笑着说：“哟，这枚透镜原来被你们找到了！”凝固的空气开始流通起来。接着他用略带感激的语调补充道：“昨天我到实验室准备实验器材，发现少了一枚透镜，以为是搬运过程中丢失了，沿途找了好几遍都未能找到。谢谢你们帮我找到了这枚透镜。这样吧，你们继续实验，下午还给我也不迟。”同学们轻松地点了点头，空气依旧是那么温暖，那么清新。

当遇到一些尴尬的事情时，应保持平静，转变话题，转移对方的注意力，淡化尴尬气氛，引导事态朝着自己所希望的方向发展。

◎ 超级聊天术：说话不怯场的五大方法

怯场是一种心理障碍：要么感到自己被说话场合的气氛、形势所压迫；要么顾虑自己说得不好或说错；要么担心自己不是他人的对手，因而畏首畏尾，诚惶诚恐。

这种心理障碍是完全不必要的。有的人在家人面前可以滔滔不绝，可一与外人交谈，他就难以启齿；有的人平时在三两个人的场合可以口若悬河，可人一多，尤其是一上台，就心慌意乱，语无伦次。这说明他不是不能说，而是有心理障碍，影响了讲话能力，只要破除这种障碍，怯场也就会消失。

美国的一个心理调查表明，在宴会上与陌生人相处时，有3/4的成年人会感到局促不安，至于在一些演讲场合，由于羞怯心理造成的演讲失败更是屡见不鲜。所以，我们不能因为说话时的羞怯感是正常的心理现象，而任其发展。

只有克服交谈羞怯的心理障碍，说话才能轻松自然，达到自己想要达到的效果。破除怯场心理障碍的办法有以下5种：

（1）加强训练。提高认识水平，克服“无知”，勤于说话训练和实践，如朗诵、自言自语，与陌生人大胆交往，与亲近熟悉的人交谈，多听别人当众讲话等，不断总结经验，保持心理平衡。

（2）自我暗示。不断鼓励自己增强自信，在内心给自己打气，告诉自己“我能行”，“我一定能把话说好”，“其实没有什么大不了的”，“当众说话其实是很简单的事”，这样你说话时就会信心大增，无所畏惧。

（3）豁出去了。任何人都不是天生就能在公众场合自如说话，都有一个艰难的“第一次”。美国罗斯福总统说过：“每一个新手，常常都有一种心慌病。心慌并不是胆小，而是一种过度的精神刺激。”古罗马著名演讲家希斯洛第一次演讲就脸色发白、四肢颤抖；美国的雄辩家查理士初次登台时两个膝盖抖得不停地相碰；印度前总理英·甘地首次演讲时不敢看听众，脸孔朝天。只要抱定豁出去的心态，管他三七二十一，整个人也便放开了。

（4）视而不见。就是自己在发言前，心中有听众，但在发言时，眼中不能有听众，只顾按自己的意图去表达。一位教师第一次登台讲课效果就不错，有人向他请教经验，他说：“备课时我心中一直想着学生，可一上讲台，我眼中所见，只有桌椅而已。这样，我就放松自如了。”

（5）做好准备。林肯说：“即使是有实力的人，若缺乏周全准备，也无法做有系统、有条理的演说。”精心准备至关重要，只有精心准备才能胸有成竹。这在非即席发言中是容易做到的，对当众讲话的话题要有所了解，事先可广泛收集资料，打好草稿，这样讲话时就可做到心中有底，临场不乱。

每个人心中或多或少都存有怯场心理，怯场并不可怕，可怕的是我们受其束缚控制。勇敢面对，放开思路，即兴而谈，这样往往能取得意想不到的效果，怯场心理也会烟消云散。

CHAPTER 4

不摆谱，几句话说到心窝里

说话不摆谱，没有架子，易于消减人与人之间的隔膜，进而使传达者有效地把自己的思想传递给别人。

我们可以把不摆谱比作盛装佳肴的器具，而把我们所要表达给别人的思想比作佳肴。如果这器具是脏兮兮的，恐怕也不会有人愿意品尝盛在其中的佳肴。

◎ 具备良好的人际亲和力

无论是谁都有必要具备良好的人际亲和力。不管是销售人员、行政管理人员，还是科研工作者，良好的人际沟通能力都是通向事业成功的桥梁。一个具备良好人际亲和力的人会有很好的人缘，也容易得到同事的支持和鼓励。

某厂面向社会招聘厂长。在招聘会上3位投标人讲述自己的治厂方案，代表们提问，投标人当场答辩。其中一个女干部一举中标，荣任厂长。且看她是如何施展亲和力的。

问：“你是个外行，靠什么治厂，怎样调动起大家的积极性？”

答：“论管理企业我并不认为自己是外行，何况我们厂还有那么多懂管理的干部和技术高明的老工人，有许多朝气蓬勃、勇于上进的年轻人。我上任后，把老师傅请回来，把年轻人的工作、学习和生活安排好，让每个人都干得有劲，玩得舒畅，把工厂当成自己的家。”

问：“咱们厂不景气，去年一年没发奖金，我要求调走，你上任后能放我走吗？”

答："你要求调走，是因为工厂办得不好，如果把工厂办好了，我相信你就不走了。如果你选我当厂长，我先请你留下看半年有无起色再说。"

话音刚落，全场立即爆发出掌声。

问："现在正议论机构和人员精简，你来了以后要减多少人？"

答："调整干部结构是大势所趋，现在科室的干部显得人多，原因是事情少，如果事情多了，人手就不够了。我来以后，第一目的不是减人，而是扩大业务、发展事业……"

问："我是一名女工，现在怀孕7个多月了，还让我在车间里站着干活，你说这合理吗？"

答："我也是女人，也怀孕生过孩子，知道哪个合理，哪个不合理，合理的要坚持，不合理的一定改正。"

女工们立即活跃了起来。有的激动地说："我们大多是女工，真需要一位体贴、关心我们疾苦的厂长啊！"

这个故事进一步向我们展示了亲和力的现实意义，也告诉我们亲和力不是巴结和献媚，它是心与心的平等和互惠。

怎样才能具备良好的人际亲和力呢？

1. 做到深刻认识自我

人贵有自知之明。一个人只有深入地了解自我，才能了解他人。因此，深刻认识自己是真正地具备良好的人际亲和力的基石。在成长过程中，每个人都会有一些创伤和问题，可能是经常感到自卑，或者自傲，或者以自我为中心，或者曾经遭受过各种各样心灵上的创伤。这些问题的存在，或多或少都会影响到成年之后的人际亲和力。

2. 不断地进行人际交流实践

在深入了解自己的基础之上，经常进行人际交流的实践是加强人际亲和力的重要过程。在不断的人际交流的实践中，以别人作为一面镜子，可以折射出自己的某一面，从别人的身上，可以看到自己看不到的侧面。在与他人的交流和实践中，又可以不断强化自己的实战能力，随时地修正自己。

3. 扩大自我意识

每个人成长的环境都不一样，其生长的家庭环境和社会环境会给自我意识打下一个比较深的烙印，从而影响他对人与事物的看法。这些观点在和其他人交往时，极易影响到对他人的评价。当他是从自己的世界观、人生观和价值观去评价他人时，就无法深入理解他人内心深处的感受。因此，在了解自己的基础上，在人际交往的实践中，要不断地放下自己固有的价值观，耐心地倾听他人内心深处的声音，这样才会更容易看到一个个与自己不同的全新的内心世界。当一个人对他人的理解能力增强后，能够深入地理解他人时，他的人际亲和力就会增强。

◎ 把“我的”说成“我们的”

说话好像驾驶汽车，应随时注意交通标志，也就是要随时注意听者的态度与反应。如果红灯已经亮了仍然向前开，闯祸就是必然了。无聊的人是把拳头往自己嘴里塞的人，也是“我”字的专卖者。

人们最感兴趣的就是谈论自己的事情，而对于那些与自己毫无相关的事情，众多的人觉得索然无味，对于你有莫大兴趣的事情，常常不仅很难引起别人的同情，而且还觉得好笑。年轻的母亲会热情地对人说：“我们的宝宝会叫‘妈妈’了。”她这时的心情是高兴的，可是旁人听了会和她一样地高兴吗？不一定。谁家的孩子不会叫妈妈呢？你可不要为此而大惊小怪！这是正常的事情，如果不会叫妈妈才是怪事呢。

所以，你看来是充满了喜悦，别人不一定有同感，这是人之常情。

说话时，把“我的”变为“我们的”，可以巧妙拉近双方距离，使对方更容易接受你和你的话。

如果你在说话中，不管听者的情绪或反应如何，只是一个劲地提到我如何如何，那么必然会引起对方的反感。如果改变一下，把“我的”改为“我们的”，这对你并不会有任何损失，只会获得对方的好感，使你同别人的友谊进一步加深。

我们经常看到记者这样采访：“请问我们这项工作……”或者“请问我们厂……”经常发现演讲者使用“我们是否应该这样”“让我们……”等表达方式。这样说话能使你觉得和对方的距离接近，听来和缓亲切。因为“我们”这个词，也就是要表现“你也参与其中”的意思，所以会令对方心中产生一种参与意识。

比如说“你们必须深入了解这个问题”，便拉开了听众与演讲者的距离，使听众无法与你产生共鸣。如果改为“我们最好再做更深一层的讨论”就会缩短与听众的距离，使气氛立刻活跃起来。

◎ 说话力求通俗、质朴

托尔斯泰说：“真正的艺术永远是十分朴素的、明白如话的、几乎可以触摸到似的。”说话力求通俗化、口语化，如不考虑听者的接受能力，用那种文绉绉、酸溜溜的语言就既不亲切，又艰涩难懂，往往事与愿违，弄得不好，还会闹成笑话。

一天，某农村中学一教师去家访，正碰上学生家宾客盈门，他见自己来得不是时候，便连连向家长道歉：“请恕冒昧！请恕冒昧！”学生家长顿时怔住了，次日，专程到学校找校长评理：“昨天是我妹妹大喜的日子，你校某老师不知羞耻地对我说：‘请许胞妹。’要我把妹妹许配给他。我看他是‘花痴’。”校长知道这位老师作风正派，工作负责，觉得奇怪，便立即找他核实并向家长做了解释。家长自责文化水平低，真糊涂。这位老师既羞且恼，哭笑不得，这场风波就是因为他语言不通俗造成的。

口头语言通过耳朵传入大脑。因语言有同音异义，一音多义，如用晦涩难懂的话，势必影响听的效果。而且听众文化素养有很大差别，应该“就低不就高”。所以对广大群众讲话，更应该明白晓畅，通俗易懂。上例中那位教师对农民用“请恕冒昧”之类的话就未免过于“高雅”了。

口头语言与书面语言有较大的差异。有的人在讲话中过多地使用书面语，而不是口语化，也使人听了很不是滋味。比如有一个青年在演讲中描述他听到母亲被人杀害时的心情说：“我的心海荡起悲哀的浪潮，两只眼睛犹如双泉，盈满晶莹的、清澈见底的泪水，最后我的两行泪水像断线的珍珠纷纷落下。”台上讲者痛哭失声，台下却发出一阵笑声。这样的演讲自然是不成功的。其失败原因在于，他不讲究语言的实际效果，而一味追求形式上的华美。不口语化、通俗化，而文学味太浓，遣词造句过于华丽和艰涩，必然会令人笑话。

社交语言需要用讲话者和听者双方都习惯，共同感兴趣的“大白话”来表达，这样才容易沟通感情，交流思想。若追求华丽新奇，过分雕琢，听者就会认为这是在炫耀文采，从而对你的讲话一只耳朵进，一只耳朵出。所以，使用语言正像鲁迅说的：“有真意、去粉饰、少做作、勿卖弄。”否则，话说得再漂亮也不会有什么力量。

日常讲话力求明白晓畅，通俗易懂。那种用“请恕冒昧”之类的话就未免是故作“高雅”，听众未必喜欢。罗丹说：“用铅笔画些花样，用色彩涂些炫耀的焰火，或是用古怪的文字写些光彩的句子，这些空头作家，就是世界上最机巧的人，然而艺术最大的困难和最高的境地，却是要自然地描绘和写作。”这句话对演说的语言使用也是适用的。

◎ 换位思考替人着想

孔子说：“己所不欲，勿施于人。”耶稣说：“你要别人怎样对待你，你就要怎样对待别人。”

这两句名言是换位说话的准确注解。说话有不同的方式，有不同的技巧。世界上没有说不好的话，关键看你会不会转变一下思想，换位思考，站在对方的立场，先想想别人。

卡耐基曾用某旅馆大礼堂讲课。有一天，他突然接到通知，租金要提高3倍。卡耐基前去与经理交涉。他说：“我接到通知，有点震惊，不过这不怪你。如果我是你，我也会这么做。因为你是旅馆的经理，你的职责是使旅馆尽可能赢利。”紧接着，卡耐基为他算了一笔账，将礼堂用于办舞会、晚会，当然会获大利。“但你撵走了我，也等于撵走了成千上万有文化的中层管理人员，而他们光顾贵旅社，是你花再多的钱也买不到的活广告。那么，哪样更有利呢？”经理被他说服了。

卡耐基之所以成功地说服了经理，在于当他说“如果我是你，我也会这么做”时，他已经完全站到了经理的角度。接着，他站在经理的角度上算了一笔账，抓住了经理的兴奋点——赢利，使经理心甘情愿地把天平砝码加到卡耐基这边。

其实，生活中我们很多时候犯的错误往往来自只从自己的角度思考问题。为了避免这样的错误，就得学会换位思考，并在此基础上调整行为的方式。换位思考就是完全转换到对方的角度思考，从而更理解人、宽容人，就是要求在观察处理问题，做思想工作的过程中，把自己摆放在对方的角度，对事物进行再认识、再把握，以便得到更准确的判断，说出的话也才能真正说到别人的心窝里。

圣经里有这样一个故事。一次，大家要砸死一个淫乱女子。耶稣说：“可以，可是你们每个人都要扪心自问，谁没有犯过错误，那他就可以动手。”在场的每个人都问心有愧，最后谁也没有砸她。为何所有人都在耶稣的这个问题前变得不敢动手了呢？因为没有一个人有动手的资格——只要想到自己原来也有可能犯错，就能同情这位女子了。

即使是最没本事的人，在责备别人时往往也能够大发议论；即使是最聪明的人，在对待自己的缺陷时也往往糊涂。我们只要经常用指责别人的态度来要求自己，用宽恕自己的心思去对待别人，怎么可能不有大进步呢？

儿时常做一种游戏：两腿叉开，头向下从两腿之间往后看过去。本来习以为常的乡间景色便有了新意，让人百玩不厌，常玩常新。成年后多了些社会生活经验，又读了些书，知道那种看似简单的游戏实际上蕴藏着并不简单的道理：换位思考。

仔细想来，生活中诸多不快、诸多矛盾的引发，未必都有多么复杂、多么严重的理由，如果能够互相理解，或许就根本不会发生。而换位思考就是达到互相理解的一种有效途径。

汽车大王福特说过一句话：假如有什么成功秘诀的话，就是设身处地替别人着想，了解别人的态度和观点。因为这样不但能实现你与对方的沟通和理解，而且能更为清楚地了解对方的思想轨迹及其中的“要害点”，从而做到有的放矢，击中“要害”。

◎ 放低姿态自我贬抑

美国在费城举行宪法会议的时候，会议中分为赞成派和反对派，讨论相当白热化。出席者的言论都非常尖锐，甚至演变成人身攻击。

由于出席者有着人种、宗教方面的差异，利害关系相同的人自然结合在一起，致使会议充满了火药味和互不信任的气氛。

宪法会议即将谈崩时，持赞成意见的富兰克林适时地出面收拾了紊乱的场面，终于促使宪法成立。

面对反对派的猛烈攻击，富兰克林不慌不忙地对他们说：“老实说，对这个宪法我也并非完全赞成。”

这句话一出，会议纷乱的情形霎时停止了，反对派人士不禁感到怀疑：富兰克林既然是赞成派，为什么不完全赞成自己所提的宪法呢？

富兰克林顿了一会儿，才继续说：“我对于自己赞成的这个宪法并没有信心，出席本会议的各位，也许对于细则还有些异议，但不瞒各位，我此时也和你们一样，对这个宪法是否正确抱有怀疑态度，我就是在这种心境下来签署宪法的。”

富兰克林的这番话，使得反对派平静下来，美国的宪法终于顺利通过。

有的人要化解对方的不信任感，往往会以强硬的口气说“请你相信我的话”，或者说“根本没有那回事”，结果反而使对方的不信任感更加强烈。

因为，这样说就像是要将对方的不信任全面否定，只保留自己单方面的主张，实际是一种正面的攻击，这样做是不会产生任何效果的。

对于一件事情，如果光是强调好的一面，那么对方对于你所说的话，就会存有不信任的潜在心理。

如果为了让对方相信自己，消除他的不信任感，而一再强调自己的优点，这样反而缺乏说服力。还不如利用人类潜在心理的“别扭心态”，来取得对方的信任。

例如，你可以先给对方一些不利于自己的消息，使对方觉得你“还蛮老实的”，这样一来，他就会产生想听你继续说话的意愿，你便可以附带地为自己说些好话，在不知不觉中，对方就会顺利地接受你的诱导。

富兰克林就是利用了这个技巧，先说一些对自己不利的话，反而使对方产生了信任感。

趾高气扬，高谈阔论，容易引起人们的反感，以致其筑起防范的城墙，从而导致自己的被动。倒不如把姿态放低一些，说些自贬的话，反而会峰回路转、柳暗花明，使交谈顺利地进行下去。

◎ 少命令，多商量

说到命令，人们可能会想到在战争中“军令如山”的故事。领导下了命令，下级不得不赶紧执行。于是认为以命令方式去指挥下属就办事最快，效率最高，但在实际生活中却不尽如此。

日本松下公司前总裁松下幸之助说：“不论是企业或团体的领导者，要使属下高高兴兴、自动自发地做事，我认为最重要的，要在用人和被用人之间，建立双向的，也就是精神与精神、心与心的契合、沟通。”他看到了领导与下属沟通的重要性，因而在实际工作中身体力行，终于取得了成功。要达成领导与下属心与心的契合、沟通，关键就是与下属一起交流商量。

一些领导人颐指气使，有事就大嗓门地命令下属去干。他们认为只有雷厉风行才能产生最佳效果，命令别人去干事的时候也不看人家的意见如何，反正一句话："做了再说！"一般来说这样的领导比较有能力，在下达命令之前是经过一番深思熟虑的。如果久而久之，下属对领导产生了信任，就会什么都不问，照领导说的去做，这样反倒失去了积极性和创造性而成为一件只会办事的机器。而有些下属呢，面对领导铺天盖地的命令，连问一句"为什么"的机会都没有，自己想不通当然就不愿去做了。不愿做的事要被迫去做是很难做好的。

要吩咐下属去办一件事，命令的方式是不可少的，特别是在情况紧急的情况下，一分一秒都是宝贵的，没有时间给你详细解释。但更多的时候，最好还是以商量的方式。

如果采用商量的方式，下属就会把心中的想法讲出来，而领导认为说得有道理，就不妨说："我明白了，你说得很有道理，关于这一点，你看这样行不行？"诸如此类，一方面吸收对方的想法和建议，一方面推进工作。这让下属觉得既然自己的意见被采用，自然就会把这件事当作自己的事去认真做；同时由于热心，自然也会产生良好的效果。

另外，领导在要下属去干一件事时，也可以给下属指出一个美好的前景，他们便会欣然去做。

所以在实际工作的安排中，领导应做到：

1. 忌凭自己的权力压制他人。

2. 要仔细听下属的意见。

3. 若同意对方的意见，就可以加以说明：“我也是这样想的。”这样会使下属为自己的决策而感到骄傲。

4. 如果不同意，必须向下属说明理由，不然就是上级把命令下达了，下属还是会我行我素。

◎ 暴露缺点更受人欢迎

美国有位总统，在庆祝自己连任时开放白宫，与100多名小朋友亲切“会谈”。10岁的约翰问总统小时候哪一门功课最糟糕，是不是也挨老师的批评。总统告诉他：“我的品德课不怎么好，因为我特别爱讲话，常常干扰别人学习。老师当然要经常批评的。”他的回答，使现场气氛非常活跃。

后来有一位叫玛丽的女孩，她来自芝加哥的一个贫民区。她对总统说，她每天上学都很害怕，因为她不知道会发生什么事情，害怕路上遇到坏人。此时，总统收起笑容，严肃沉重地说：“我知道现在小朋友过的日子不是特别如意，因为有关毒品、枪支和绑架的问题政府处理得不理想——

我希望你好好学习，将来有机会参与到国家的正义事业之中。也只有我们联合起来和坏人做斗争，我们的生活才会更美好。”

这位总统的话紧紧抓住了小朋友的心，使小朋友认为总统和他们是好朋友。即使场外的大人们看到这样的对话场面，也会感到总统是一个亲切的人。从心理学角度分析，这位总统展现的不仅是亲和的话语和动作，更是人际关系中“同理心”的特质。他利用这种特质，透露给小朋友他的过去和他们一样，也常被老师批评，但只要经过自己的努力，也会成长为有用的人。总统在认同小朋友对社会治安担心时，还鼓励小朋友参与正义事业，那样正义者的力量会更大。

这样的谈话使小朋友发现，总统是和他们生活在一个国家里，站在一个立场想问题的。

在总统的这个谈话中，还体现了另外一个有趣的心理现象。总统在说话时坦陈自己“小时候品德课不好，常挨老师批评”，其目的不仅是拉近距离，便于沟通，也塑造了一种在美学上称之为“缺陷美”的形象。

心理学家指出，一个接近完美的人如果敢于承认自己的人性瑕疵，他的言行将比神圣而不可高攀的人更讨人喜欢。

其中的主要原因是一个过于高大完美的人物容易使他人的内心产生一种压迫感，有时也会令人有一点点自卑心理。而说话者通过坦陈自己的某个小缺点或过去的某个缺点，无形中缓解了听话者压迫感的程度。

当大人物与普通人谈话时，主动表示亲和或者采用适当的低姿态会满足普通人的自尊心理需求，这种行为当然是非常受欢迎的。

上述故事中的总统对谈话对象心理的研究以及他所采取的暴露自己缺点的方法，值得我们在生活和工作中借鉴。

说话时有意无意地暴露自己的某个小缺点，会减轻交谈的紧张气氛，让对方对你产生信任感，有利于更深入地沟通交流。

◎ 与人寒暄，热忱情意真

寒暄是见面时的应酬语言。在交际刚开始或走亲访友时，一般都要先寒暄一番。寒暄是人与人建立语言交流的方法之一，是交谈的润滑剂，它能使朋友在某种场合心领意会，让不相识的人相互认识，使不熟悉的人相互熟悉，把单调的气氛活跃起来，为双方进一步攀谈架起友谊的桥梁。

中国与英国关于香港问题的第二十二轮会谈在钓鱼台国宾馆开始了。中方代表周南和英方代表伊文思相遇并寒暄起来。

周南说："现在已经是秋天了，我记得大使先生是春天前来的，那么就经历了3个季节了：春天、夏天、秋天——秋天是收获的季节啊。"

这是发生在中英关系史上的一次重要谈判，时间是1984年秋季——达成协议的关键时刻，内容是我国对香港主权的收复问题。

周南在这次轻松的寒暄中，运用暗示、双关的手法，巧妙利用交际的时令特征，即秋天的特点及其象征意义——成熟与收获，将我方诚恳的态度和希望以及坚定的决心，含蓄委婉地表达了出来。

这种寒暄意味深长，具有强烈的针对性和灵活的策略性，无穷之意尽在言外。

在我们日常生活中，寒暄的主要形式有以下几种：

路遇式寒暄。就是在路途上或一些公共场所里遇到熟人，顺便打个招呼。一种是对经常见面的熟人，握握手，说上句"你好""上班去呀"，在路上骑车相遇，相互点点头，微笑一下，摆摆手，不用下车，擦肩而过。另一种是在路上遇到较长时间没有见面的熟人，这时不可以点头再过，要停下来，多说几句。如有急事要办，则要与对方说清楚再离开，这是人际交往的基本常识。

会晤前的寒暄。即如约见了面，或客人来了后，在交谈正题之前的问候。一种是常见的也是最起码的问候方式，如“你好”“请进”“请坐”等。另一种是特殊情况的问候方式，如对病人、老人、师长、好友，或是遇到大病初愈、长途旅行、身遭不幸等情况，寒暄问候则要格外体贴入微，暖人心扉。

寒暄的内容主要有以下几类：

1. 关怀式寒暄。这是常见的寒暄方式，真挚深切的问候，对于加深人际间的感情，有着重要的作用。

2. 激励式寒暄。就是在寒暄的几句话中，给人以鼓舞和力量。几句恰到好处的激励式寒暄，就能给人以很大的激励。

3. 幽默式寒暄。寒暄中加点幽默诙谐的成分，对协调交际气氛是很有效果的，人际间良好的沟通与深切的友谊就是在这幽默的寒暄中间建立起来的。

4. 夸赞式寒暄。无论谁清早起来，接连听到几个诸如

“你起得好早啊”“你身体越来越好啦”的赞美式寒暄，一定都会心情格外舒坦愉快。夸赞式寒暄也要讲点技巧，其中之一就是夸赞的内容最好要具体一些，这样才能产生较大的作用。

在寒暄中，应注意以下几点：

1. 要注意对象。寒暄要因人而异，不要对谁都是一个调。

2. 要注意环境。在不同的环境，要进行不同的寒暄。

3. 要注意适度。寒暄要适可而止，过多的溢美之词则会给人以虚伪客套之感。

总之，恰当的寒暄，能给不快的人以安慰，给久别重逢的人以关怀，给邻里亲友以欢乐，并由此沟通感情，联络友谊，促使人际交往达到水乳交融的佳境。

◎ 话家常，闲聊增进感情

在日常生活中，与人聊天是一种常用的套近乎方式。聊天一般是指没明确目标的即兴式交谈。这种交谈往往比较放松，容易接受对方，愿意跟对方说出心里话。在人际交往中，如果你善于跟人话家常，会跟人闲聊，那么你的亲和力一定很强。而良好的亲和力将有助于你开展工作。

如果你是一名销售员，在你向顾客推销产品时，和顾客闲话家常，这似乎和销售完全无关，表面上看是浪费时间，但其实，这可是影响你日后生意好坏的关键。

顾客是商家的财神爷，这是商家的至理名言！在面对顾客时，商家不能仅仅停留在推销产品上，而要透过交流和沟通，提供他们满意超值的服务。譬如说，顾客本来只是咨询产品使用情况，如果你能适时地用专业为他解答产品疑问外，还能透过生活、学习、工作之类的闲聊话题交流和沟通，了解顾客的消费习性和取向，那么你就有能力及机会替顾客找到最适合他的产品。

如果你是一名干部，那么跟群众闲聊，就是你提高亲和力，与群众拉近距离的有效工作方法。

看看电影《焦裕禄》《孔繁森》里的情景：白天他们与老百姓一起劳动，晚上，围坐在老百姓的炕头。一张桌子、一个烟袋、一碗白开水，把老百姓的事摸得一清二楚。哪家有病人、哪家条件差、哪家有啥疑难事，他们都记在心中。遇到了什么问题，就会根据不同情况及时处理和妥善解决，因此工作就好干，难事也好办。这就是闲聊的作用。

连美国总统夫人都深知和民众“唠家常”的好处。奥巴马夫人米歇尔的演说经常富含感染力和号召力，她从不长篇大论，而是喜欢用唠家常的方式演讲。她会谈起自己的父母，说他们是世界上最勤劳的人；会说起两个可爱的女儿，称她们是上帝赐给她最好的礼物；当然也会谈谈自己的丈夫，谈他多么优秀，称他可以改变美国。或许从表面上看，米歇尔的演说有些杂乱，然而却能很好地增加自己的亲和力，更好地感染民众。虽然她不会谈及政治，却能很自然地为丈夫拉到更多选票。

农村干部更少不了与群众拉家常，如果掌握好了，拉家常也是做工作，有时还比在正式场合做工作更有效。坐在台上和台下总感到有一定距离，而拉家常时相互间是平等的、随意的，群众容易把心里话讲出来，干部能准确地了解真实情况，很自然地把组织的意图和党的方针政策传递给群众，把人心凝聚起来，让他们跟上时代的步伐。

在同村民拉家常时，要关心他们的庄稼如何、收成怎样。要关心他们的收入，只要谈起收入，村民一般会感兴趣。与村民拉家常的时候还要关心他们的父母、孩子。这样以礼相待，促膝交谈，往往能达到事半功倍的效果。

其实，闲聊有众多好处。美国权威学术期刊《人际关系》上有一篇论文就阐述了闲聊的好处。美国俄克拉荷马大学心理学博士詹妮弗·波森在进行了一系列实验性研究之后，发现了一个有趣的现象：当几个人在一起闲谈，甚至说别人坏话时，他们之间的友谊往往可以突飞猛进。詹妮弗强调，说别人坏话虽不是好事，不该提倡，但闲聊的积极作用是不可否认的。所以，我们不必把市井闲谈一律认为是低俗有害的废话。

除了增进友谊，闲聊其实还有更多的好处。韩布新博士说，心理学有一种流派，主张在心理咨询的过程中，以倾听、倾诉为主要治疗手段。倾诉者把自己的委屈、精神痛苦全部宣泄出来以后，心理痛苦和疾病也就减轻了大半。闲聊正好为心理疾病患者提供了一个表达、发泄和参与的平台。

现实生活中常能看到，有些老人在退休后变得失落、抑郁，此时如果能积极参与社区活动，与老伙伴们一起高谈阔论，老人的精神状态就会大为改观。韩布新博士解释说，这是因为闲聊对体力、脑力都有一定的锻炼，同时还可以让老年人把身心融入社会群体之中，排遣寂寞。

正是因为闲聊的诸多好处，它还被一些医学界人士称为“话疗”。著名健康教育专家洪昭光教授编了《话疗歌》来概括聊天交流的好处。“说起话疗真奇妙，防病治病都有效。一聊双方误解消，二聊大家心情好，三聊能治血压高，四聊能把肿瘤消。话疗疏解郁闷气，话疗提高抵抗力。天天话疗三四起，家家快乐甜如蜜。”

闲聊的诸多好处，不独对老人有效，对很多人也都适用。多与人闲聊，一定能操纵别人的感情，使你的人缘魅力大增。

如果你还不善于闲聊，不知道如何打开话匣子，那么就从闲话家常开始吧，让亲和力成为你取得成功、扩展人脉的重要能力。

◎ 超级聊天术：瞬间赢得好感的技巧

说话要想获得别人的好感，可以从下面5个方面入手。

1. 多提善意的建议

当一个人关心你时，只要这份关心不会伤害到自己，并且对方还提了一些善意的建议，你当然会欣然接受，对这个人产生好感。那么，反过来你对别人若也如此，别人也会同样对你产生好感。

满足他人自尊心的最佳方法就是提善意的建议。对方是女性时，仅说“你的发型很美”，只不过是句单纯的赞美词；若是说“稍微剪短，看起来会更可爱”，对方定能感受到你对她的关心。若是能不断地表示出此种关心，对方对你必然更加亲切信任。

2. 记住对方所说的话

一位心理学家应邀去演讲，不料主办方却问他：“请问先生的专长是什么？”他颇为不高兴地回答：“你请我来演讲，还问我的专长是什么？”

招待他人或是主动邀约他人见面，事先都应该先收集对方的资料，这是一种礼貌。换句话说，表现自己相当关心对方，必然能赢得对方的好感。

记住对方说过的话，尤其是兴趣、嗜好、梦想等事，事后再提出来作为话题，是表示关心的做法之一，也是说话的策略之一。在面试时，不妨引用主考官说过的话，定能使主考官对你另眼相看，留下深刻的印象。

3. 注意对方微小的变化

在生活中，一般做丈夫的都不擅长对妻子表现自己的关心。比方说，妻子上美容院改变发型时，明明觉得她“看起来年轻多了”，却不做任何表示，因而使妻子心里不满，觉得丈夫不关心自己。

不论是谁，都渴求拥有他人的关心。而对于关心自己的人，一般都具有好感。因而，若想获得对方的好感，首先必须积极地表示出自己的关心。只要一发现对方的服装或使用的物品有改变，不要吝惜你的言词，立即告诉对方。例如：同事打了条新领带时，“新领带吧，在哪儿买的？”像这样表示自己的关心，绝没有人会因此觉得不高兴。

另外，指出对方与往日的变化时，愈是细微和不轻易发现的变化，愈使对方高兴。不仅使对方感受到你的细心，也感受到你的关怀，转瞬间，你们的关系就会远比以前更亲密。

4. 呼叫对方的名字

欧美人在说话时，常说：“来杯咖啡好吗，莱克先生？”“关于这一点，你的想法如何，莱克先生？”频频将对方的名字挂在嘴边。这种作风往往使对方产生亲密感，宛如彼此早已相交多年。其中一个原因是听者感受到对方已经认可自己了。

在我们的社会里，晚辈直接呼叫长辈的名字是不礼貌的行为。但是，平辈之间借着频频呼叫对方的名字，来增进彼此的亲密感，应是个非常有益于彼此交往的方法。

5.注意细节，投其所好

有位朋友有个奇怪的习惯，总是把他人名片的背面写得密密麻麻。与其说他是为了整理人际资料或是不忘记对方，倒不如说是为了下一次见面做好准备。也就是说，将对方感兴趣的事物记录下来，再度见面时，自己就可提供对方关心的情报作为礼物。即使只是见过一次面的人，若能记住对方的兴趣，比方说是钓鱼吧，在第二次、第三次见面时，不断地提供这方面的知识或是趣事，借此显示自己对于对方的兴趣很关心，结果必然使对方产生很大的好感。

或许有些人会认为此种做法太现实。事实绝非如此。这种做法的确出于对对方的关心，更何况对对方也是真正有益的。借着经常保持此种姿态，结果必然能将一般通用的话题化为己身之物。换句话说，以长远的目标来衡量，此种做法能成为表现自我的有力武器，以此迅速获得对方对自己的好感和信任。

会说话，人人都挺你

CHAPTER 5

懂心理，聊得停不下来

说话人人都会，但不见得人人都说得好。一句话说得好，可以说得人笑；一句话说得不好，可以说得人跳。一句话可能化敌为友，冰释前嫌，化干戈为玉帛；一句话也可以化友为敌，引发一场争论，甚至导致一场战争。所以，你仅仅能说还是不够的，还要懂心理，会说话。

◎ 投其所好，一下子抓住他的心

有位文艺编辑曾讲过一段故事。他邀一位名作家写稿，该作家非常难合作，各报社的编辑对他大伤脑筋。因此，这个编辑在见面前也相当紧张。

一开始果不出所料，怎样都谈不拢。作家一味说："是吗……""也许是吧？""这我还真不清楚"，闹得这位编辑很是头痛，只好打定主意，改天再谈，于是闲聊起来。

他把几天前在一本杂志上看到的有关该作家作品近况的报道搬出来，说："您的大作最近要翻译成英文，在美国出版了？"作家见对方如此关心自己，就很感兴趣地听下去。编辑又说："您的写作风格能否用英文表现出来？"作家说："就是这点令我担心……"他们就在这种融洽的气氛中继续谈了下去。本来已不抱希望的编辑，此时又恢复了自信，最后让作家答应了写稿。

没有人会喜欢一个谈话时只讲他自己，而不关心对方的人。人们只愿意和那些与自己有共同话题的人交往。

耶鲁大学文学教授威廉莱亚·惠勒普斯，在《人性》

一文中这样叙述：我在6岁那年，有一个星期六去斯托拉多姨妈家度周末。记得傍晚时分，来了一个中年男子。他先和姨妈嘻嘻哈哈谈了好一会儿，然后便走近我面前和我说话。当时我正迷上小船，整天抱着小船爱不释手地玩。以为他只是随便和我聊几句，没想到他对我说的全是有关小船的事。等他走了以后，我还念念不忘，对姨妈说："那位先生真了不起，他懂得许多关于小船的事，很少有人会那么喜欢小船。"

姨妈笑着告诉我，那位客人是纽约的一位律师，他对小船根本没有研究。我不解地问："为什么他说的话都和小船有关呢？""那是因为他是一位有礼貌的绅士，他想和你做朋友。知道你喜欢小船，所以专门挑你喜欢的话题和你说。"姨妈笑着告诉我其中的道理。

在日常生活中，一到周末，我们常看到许多青年男女伫立街头，他们中间有不少人是等待情侣相会的。这时有两个擦鞋童，正高声叫喊着以招徕顾客。

其中一个说："请坐，我为您擦擦皮鞋吧，又光又亮。"

另一个却说："约会前，请先擦一下皮鞋吧！"

结果，前一个擦鞋童摊前的顾客寥寥无几，而后一个擦鞋童的喊声却收到了意想不到的效果，一个个青年男女都纷纷要他擦鞋。这究竟是什么原因呢?

我们听到第一个擦鞋童的话，尽管他的话礼貌、热情，并且附带着质量上的保证，但这与此刻青年男女的需求差距甚远。因为，在黄昏时刻破费钱财去“买”个“又光又亮”，显然没有多少必要。人们从这儿听出的印象是“为擦鞋而擦鞋”的意思。而第二个擦鞋童的话就与此刻男女青年们的需求非常吻合。“月上柳梢头，人约黄昏后”，在这充满温情的时刻，谁不愿意以清清爽爽、大大方方的形象出现在自己心爱的人面前？一句“约会前，请先擦一下皮鞋吧！”真是说到了青年男女的心坎上。可见，这位聪明的擦鞋童，正是传送着“为约会而擦鞋”的温情爱意。一句“为约会而擦鞋”一下子抓住了顾客的心，因而大获成功。

◎ 把别人说成怎样他就怎样

美国大银行家摩根有一篇文稿写道：人会做一件事，都有两种理由存在。一种是看起来很好，一种是的确很好。

人们会时常想到那个真实的理由，而我们都是自己内心的理想家，较喜欢想高尚的动机。所以要改变一个人的意志，需要激发他高尚的动机。

汉密尔顿的法瑞有一个很挑剔的房客，扬言要搬离他的公寓。但这房客的租约尚有4个月才期满，每个月的租金是55元，可是他却声称立即就要搬，不管租约那回事。

这个房客已在法瑞这里住了一个冬季。如果他搬走的话，在这个秋季前，这房子是不容易租出去的。眼看220元就要从口袋飞走了，法瑞很是着急。若在以前，法瑞一定找那个房客，要他把租约重念一遍，并向他指出，如果现在搬走，那4个月的租金仍须全部付清。

可是，这次法瑞只是向他这样说："先生，听说你准备搬家，可是我不相信那是真的。我从多方面的经验来推断，我看出你是一位有信用的人，而且我可以跟自己打赌，你就是这样的一个人。"

房客静静地听着，没有做任何表示，接着法瑞提了个建议，让房客将他所决定的事，先暂时搁在一边，不妨再考虑一下，并给了他充裕的时间，如果到时候还是决定要搬的话，法瑞说他将会接受他的要求。

最后，法瑞一再强调他相信对方是个讲信用的人，会遵守自己的租约。

事情果然不出法瑞所料，到了下个月这位先生来见他，并且付了房租。并说，这件事已经跟他太太商量过，他们决定继续住下去。他们都认为至少应该住到期满。

已故的洛史克力夫爵士发现一份报刊上，刊登出一张他不愿意刊登的相片，他就写了一封信给那家报社的编辑。他那封信上没有这样说："请勿再刊登我那张相片，因为我不喜欢。"他想激起高尚的动机，他知道每个人都尊敬自己的母亲，所以他在那封信上，以另外一种口气说："由于家母不喜欢那张相片，所以贵报以后请勿刊登出来。"

当约翰·洛克菲勒要阻止摄影记者拍他子女的相片时，便想起一个人人都不愿伤害儿童的高尚动机。他对记者这样说："诸位，我相信你们之中有很多都已经是孩子的爸爸，如果让孩子们成了新闻人物，那并不是适宜的。"

柯狄斯本来是梅恩州一个贫苦人家的孩子，后来成为美国《星期六晚报》和《妇女家庭杂志》的负责人，赚了几百万元。他创办刊物之初，不能像其他的报纸杂志一样，付出高价买稿子。他没有能力聘请国内第一流作家替他执笔撰稿，可是，他运用了人们高尚的动机。

例如，他会请《小妇人》的作家奥尔克特为他撰写稿子，并且在她声望最高的时候。柯狄斯所使用的方法很突出，他签了一张100元的支票，他不是把支票给奥尔克特，而是捐助给她最喜欢的一个慈善机构。

或许有人会怀疑说：“以这种手法，用在洛史克力夫、约翰·洛克菲勒和富于情感的小说家身上或许会有效。可是，这种方法如果用在那些难缠的人身上，是不是一样有效？”

不错，没有一样东西能在任何情形下产生同样的效果；没有一样东西，能在所有人身上都发生效力。如果你满意你现在所得到的结果，那又何必再改变呢？假如你认为不满意的话，那就不妨试验一下。

信任别人就是信任自己，这是推己及人的道理，信任不值得信任的人，会改变这个人，使他值得信任；信任值得信任的人，会使这个人更加值得信任。

◎ 换个说法效果就会不同

我们经常需要向别人表达一些不太好说的意思，比如请求、谈判、批评等。这些话之所以不容易说出口，是因为人类具有自尊心，谁都不愿意遭到拒绝、指责和冷遇。一般人内心深处都有自高自大的想法，都认为自己应该是最好的，一旦现实与心愿不符合，不可一世的自尊就会受到挫伤，从而转变成伤悲、仇恨、鄙视、嫉妒等恶劣的情绪，并且早晚会表现出来。

因此，有些话说不好，就会得罪人，为自己招麻烦。

好在语言具有多样化的特点，一样的意思可以用多样的话说出来，而斤斤计较的人听到用不同的说法讲出的同样意思，也会有不同的反应。这种情况使智慧的说话方式大有用武之地，也向我们证明：人类作为高等动物所独有的自尊心，是多么愚蠢的一种心理，因为智者利用这种幼稚的心理可以把人玩弄于股掌之中。

比如，你要批评一个人所写的文章，如果直言不讳，显然会令他难堪。但是，你可以换个说法，找出他的文章中一些可取之处，先满足他的自尊心，待他兴高采烈，视你为知音的时候，再把批评或建议提出来，这样他会心悦诚服地接受你的意见，还对你很钦佩。你可以这样说：“我一看开头就想看下去，我发现你一贯擅长把开头写得引人注目，勾起人的好奇心。要是结尾不是这样写，而是换一种思路，可能就更能与开头相呼应了，你说呢？”

既然没有触及自尊心，那么他当然会冷静虚心地考虑你的意见。

说什么固然重要，但怎么说更为关键，人的情绪常常蒙蔽了人的眼睛，使他看不透语言背后的含义，而只能最浅薄地从对方的用语上来理解。

因此完全可以表面上说他爱听的话，而把真正意图隐藏在这些话里，也就是“话里有话”，让他心甘情愿地跟着你的思路走。

一位顾客进了一家地毯商店，看上了一款地毯。

顾客问道：“这种地毯多少钱？”

店老板立即热情地接待了他，回答道：“每平方米24元8角。”

顾客听完这句话，什么都没都说就走了。显然，他觉得价格有点高。

店老板的一位朋友在旁观察，他说：“你的推销方式太陈旧了，应该换一种方式。”于是他试着以营业员的口吻说：“先生，这地毯不贵。让您的卧室铺上地毯，每天1角钱就够了。”

老板大为不解，这位朋友忙解释道：“假设卧室地毯需要10平方米的话，要248元；地毯寿命为5年，计1800多天，每天不就是1角多钱吗？一支香烟钱都不到。”

老板一拍大腿，恍然大悟地说：“高！你这一招一定灵。”

果然，换一种表达方式，商店的生意就好多了。

◎ 到什么山上唱什么歌

古人云：“言为心声。”说话的好坏，主要取决于说话者的思想水平、文化修养、道德情操，但讲究语言的艺术也同样十分重要。同样一种思想，从不同的人嘴里说出，往往会收到不同的效果。

良好的谈吐可以助人成功，蹩脚的谈吐则令人障阻重重。在日常生活中，我们身边的人总是多种多样，有口若悬河的，有期期艾艾、不知所云的，有谈吐隽永的，有语言干瘪的……

人们的口才有好坏之分，说话的效果也是天差地别的。因此，要想在说话上成为高手，达到“到什么山上唱什么歌”的境界，就必须要把握其中的奥秘。

一个人的话能否被别人所接受，取决于他的可信度，而要提高可信度，不仅在形象上要做到衣饰恰当、举止大方、谈吐自然得体、眼神专注、表情沉稳等，还要会观察对方。

不同的人接受他人意见的方式和敏感度都是不同的。

一般来说，文化水平较高的人，不屑听肤浅、通俗的话，对他们应多用抽象的推理；

文化层次较低的人，听不懂高深的理论，对他们应多举明显的事例；

对于刚愎自用的人，不宜谆谆劝说，可以激他；

对于喜欢夸大的人，不必表里如一，不妨诱导；

对于生性沉默的人，要多挑动他发火；

对于脾气急躁的人，用语要简明快捷；

对于思想顽固的人，要看准他的兴趣点，进行转化；

对于情绪不正常的人，要让他恢复正常后再谈……

只有知己知彼，才能对症下药，收到最好的说话效果。

说话看准对象，才能做到有的放矢。这就要求说话的人要做到：在交谈形式上，应该根据不同的人，做具体的分析，围绕中心内容，尽量考虑年龄差异，分别对待。对少年儿童就要用平易近人、幽默风趣的语言；对中青年人要用有逻辑、哲理的语言；对老年人就要含蓄、委婉。

古语说："凡事预则立，不预则废。"所以，在说话前，你有必要对下列问题仔细地考虑：你要对谁讲，将要讲什么，为什么要讲这些内容，怎么讲法，有什么有利因素和不利因素，怎样处理等。

直爽的人爱听爽快的话，憨厚的人爱听平和的话，不同性格的人愿意接受的说话方式是不同的，到什么山上唱什么歌，见什么人说什么话，才能产生应有的效果。

◎ 探知对方深层意识

说话听声，锣鼓听音。这个声音指的就是言外之意。除说话外，一个眼神、一个表情、一个动作都可能在特定的语境中表达出明确的意思，就是同一句话也可以听出其弦外之音、言外之意。如果不能掌握和摸透这一点，就有可能产生误会。

王主编约刘教授为刊物写一篇稿子，恰巧王主编的刊物搞座谈会，他也邀请了刘教授。刘教授刚进会场，王主编就冲了过去握住刘教授的手说："太好了，太好了，我一直在等您的好稿子。"

"糟糕！"刘教授一拍脑袋说，"抱歉，抱歉！我留在桌子上，忘记带来了。"他又拍拍王主编的肩膀说："明天，明天上午，你派人来取，好吗？”

“没关系！”王主编笑着说，“不用等到明天，开会后我开车送您回家，顺便拿上稿子就好了。”

刘教授一怔，也笑笑：“可惜我过会儿还有事，不能直接回家，还是明天吧。”

座谈会结束后，王主编到停车场开车回家，转过街角，他看见刘教授和李编辑在等出租车。王主编摇下车窗热心地问：“两位到哪儿去呀？”

李编辑说：“陪刘教授回家。”

王主编一听，就停下车将刘教授和李编辑拉上车。王主编边开车边说：“我送您回家，顺便拿稿子。”“我家巷子小，尤其这假日，停满车，不容易进去。”刘教授说，“您还是把我们放在巷口，我明天上午亲自把稿子给您送去。”谁知王主编说自己顺路，一定要去。王主编硬是转过小巷子，一点一点往里挤，开到刘教授的家门口。“我还得找呢！这巷子不好停车。”刘教授说。“没关系，您不是说放在桌子上吗？”正说着，后面的车大按喇叭催促。“您还是别等了，”刘教授说，“告诉您实话，我还没有写完呢！”王主编一听，脸顿时红了。刘教授再三找借口推辞，王主编居然没有听出他“我还没有写完呢”的言外之意，结果弄得两人都不愉快。

可见，听出别人的话外音，从微不足道的细节中发现他的态度，和他自己要做些什么，这对交往大有帮助。

日本作家大久光曾经提出一个有趣的比喻：“协调关系是糖，对立关系是盐。单单是糖太过甜腻，适度地加点盐，人际关系才会变得更协调。”

在现代社会中，人际关系就犹如空气一般，谁也脱离不开这张巨网，但是，光靠广泛的交际，无法建立良好的人际关系，你必须用心了解谁才是值得你用心交往的对象，然后加糖加盐，让彼此的关系更紧密。

和别人交往的过程中，其实仅仅从谈吐、遣词用字方面，就可以窥视对方的内心状况，明了自己应该如何应对。因为，谈吐的方式会反映出一个人当时的心理状态，越是深入交谈，越会暴露出他的本来面目。因此，谈吐方式、遣词用字，无疑是探知一个人真正性格和心理状态的重要依据。

当话题进行至核心部分时，说话的速度、口气，就是我们探知对方深层心理意识的关键。当然，说话的声调也是不可忽视的要点。巧妙地分析对方谈话的口气、速度、声调，探究对方的内心正在想些什么，这是创造和谐的要点。

一个人的言谈在很大程度上能体现一个人的内心世界。

言谈的内容和方式是他品性和才智的表现。言谈可告诉你一个人的地位、性格、品质以及流露的内心情绪，因此能听懂对方话语中的潜台词是和对方展开对话的关键。

◎ 不要触及别人的痛处

中国古代有所谓“逆鳞”的说法。传说中，龙的咽喉下方约一尺的部位，长着几片“逆鳞”，全身只有这个部位是逆向生长的，万一不小心触摸到这些“逆鳞”，必定会被暴怒的龙吞噬。

至于其他部位，不论你如何抚摸或敲打都没关系，只有这几片逆鳞，无论如何也触摸不得，即使轻轻摸一下也犯了大忌。

在人身上也有类似的“逆鳞”存在，这“逆鳞”就是人的短处和痛处，与人说话，应避免触及“逆鳞”，以免伤害对方的感情和自尊，造成不愉快的结局。

英国作家托马斯·富勒曾经写道：“失足引起的伤痛很快就可以恢复，然而，失言所导致的严重后果，却可能使你终身遗憾。”

一个人若想和上司、同事建立良好的人际关系，一定要记住：保持适当距离，做事公私分明，尤其要注意，言谈之间不要说到别人的痛处。

被击中痛处，对任何人来说都是件不愉快的事。

不管在什么情况下，不去碰触别人的痛处，不但是待人处事应有的礼仪，更是在都市丛林中左右逢源的关键。

有修养的人即使在盛怒之下，也不会扩散愤怒的波纹；但是涵养不够的人，被激怒了，往往就会面露凶貌，口出恶言，甚至随手拿起手边的东西往地上摔。

某些人暴跳如雷的时候，还会口不择言，用侮辱性的语言攻击别人最敏感的隐私，这是相当不明智的行为。

一旦你攻击他人的痛处，修养好的人虽不至于当场发作，与你破口对骂，但心中的疙瘩和怨恨往往难以抹平，如果不幸他是你的上司或客户的话，你就会被“封杀”。

在公司里，“封杀”意味着调职、冷冻、开除。

如果你是公司负责人，“封杀”就代表对方拒绝继续与你往来，或是“冻结彼此的关系”。

每个人身上也都有几片“逆鳞”存在，即使是人格高尚伟大的人也不例外。唯有小心观察，不触及对方的“逆鳞”，才能保持圆融的人际关系。

◎ 超级聊天术：操纵别人，满足他的需求

人要生存，他的需要能够影响他的行为。只有未满足的需要能够影响行为，满足了的需要不能充当激励工具。这是由美国社会心理学家、人格理论家和比较心理学家马斯洛在1943年发表的《人类动机的理论》一书中提出的。

这段话告诉我们，想要搞定对方，可以想办法满足其需要，来赢得他人的认可。

但前提是，我们只有了解人的不同需要，设身处地地为他人着想，尊重个体需求，才能获得对方的好感。让对方满意了，对方才会信任我们，愿意为我们处理事情，帮助我们，从而达到有效的操纵别人的效果。下边我们看一个寓言故事，来看看怎样使用这种方法：

小猴想进一趟城，可是没有人拉车。它想呀想，终于想出了一个非常好的主意。它在车上系了3个绳套：一个长，一个短，一个不长也不短。做完这些后，它便叫来了小老鼠，让小老鼠闭上眼，拉长套。又叫来小狗，让它闭上眼，拉短套。它再叫来小猫，在小猫背上系了一块肉骨头，让小猫闭上眼，拉不长不短的绳套。小猴爬上车，让大家一齐睁开眼。小老鼠看见身后有猫，吓得拉着长套拼命跑；小猫看

见前面有只老鼠，拉着套使劲地追；小狗看见猫背上的肉骨头，馋得直往前撵。就这样，小猴快快活活地坐在车里，不一会儿工夫就到了城里。

看过这个寓言故事，不能不为小猴的聪明拍手称绝。小猴子就是明白了每个动物的需求，然后通过满足每个动物吃东西的愿望，来激发它们的动力，让它们都跑了起来。从这个故事中我们也看到了尊重个体不同需求的重要性，如果猴子没有发现3个动物的需求不同，给每个动物身上都绑上一块骨头，那么其中的猫就肯定不会卖力跑；如果把狗换成了羊，羊看到骨头根本不感兴趣，所以也不会跑。聪明的小猴正是因为懂得个体需求的差异，才让车子成功地跑起来的。

马斯洛理论把需求分成生理需求、安全需求、社会需求、尊重需求和自我实现需求五类，依次由较低层次到较高层次。人要生存，就会有需求。设法满足他人的需求，是一种明智的投资。但每个人需求的层次不同，如果我们没有弄清其需求层次，盲目地满足其需求，就可能费财费力而不讨好。

汤姆是一家软件公司的销售经理，能力强，热爱工作，成绩显著。今年他升任上海总公司的销售经理，薪水也增加了，但是，近期他不但没有工作热情，甚至还有辞职的念头。

为什么升职、加薪反而要辞职呢？经了解，原来引起汤姆不满的原因来自他的上司。他的上司对汤姆到上海工作颇不放心，担心他做不好，总是安排一些很简单的工作，并且在汤姆工作时也经常干预。汤姆工作能力较强，习惯独立思考问题、解决问题，对上司的频繁干预非常不习惯，并逐渐产生不满情绪。

这个案例应当引起经理的关注。仅仅加薪、晋级不一定能有效激励员工，还应该根据下属的特点，做好其他方面的工作。比如，汤姆的上司应该花一定的时间了解下属，在了解的基础上信任下属，给他舞台让他充分展示自己。当然，要让下属长期保持旺盛的士气，绝非如此简单。还应当采取其他的激励方法，比如尊重、关爱、赞美、宽容下属等。还有，提供适当的竞争环境、给下属指出奋斗的目标、帮助下属规划出其发展的蓝图、恰到好处地批评，等等。

人的需求是有层次的，一般要用员工正在追求的那个层级或高于他追求的那个层级来激励他们。如果领导者不了解员工的需求层级，用低于他追求的层级来激励他，那么无异于在做无用功。

在人们日常交往中，不经意的一句话或者一个举动就可能满足对方心理。

社会交往中，获得尊重既是一个人名誉地位的显示，也表明了他的德操、品行、学识、才华得到了认可。无论是年长者还是年轻者、位尊者或位卑者都期望别人尊重自己。所以，想要赢得某人的好感，只要主动地问候一句，便表达对对方尊敬，对方定然对你会产生好感。

人们对于自己具备的技能都有一种引以为荣的心理，如果想同这些人结识相交，那采取求教法是最有效的切入。

某厂员工小王拿着自己的书法习作来到赵副厂长家里："赵老，上次听您谈论书法作品，我受益匪浅，我自己写了几幅习作，想请您给指教指教。""噢，我来看看。"他们就围绕着书法问题谈论开了。小王从此与赵副厂长结成了忘年之交。

人们都希望尽量做好自己喜爱的工作并取得令人称道的成就，如果这种成就心理能够得到他人的激励，就必定能引起他的感激心理和报偿心理。

这样说话最受欢迎

CHAPTER 6

会提问，别人才能聊得透

提问是开启谈话的百宝匙。只要你掌握了一定的问话技巧，即使你没有专长，也足以应付各种各样的人，因为你如果不能回答对方，也可设法一直提问。

◎ 看清对方，问得适宜

日常闲聊总免不了提问，但问也不是随随便便的，应见什么人提什么问。

有针对性地提问主要表现在如下几点。

1. 适应谈话的场合

譬如你所领导的3个人都完不成你布置的任务，你想对此事加以证实并问清原因。你有两个办法：一是把他们一起找来问："是你们的一致看法吗？为什么？"一是把他们一个个找来问："你的看法和他俩一致吗？为什么？"前一问就不如后一问。因为前者三人在一起，人类固有的从众心理会不让他们说出实话来。因此，场合不同，回答就可能不同。

2. 适应对方的年龄、身份、民族、文化素养、性格等特点

你对小朋友可以问："你几岁啦？"对老年人就不宜这样问。对一个40来岁的中年人问："您多大啦？"就不如问："您有30多岁吧？"再如你可以对一个中国人问："你在哪儿工作？""收入不错吧？""家里有几口人？"……

这是关心尊重对方的表示。但如果这样来问一个美国人，就是打听别人私事的不礼貌行为。

3. 被问人的性格也影响你的提问效果

每个人都有自己独立的性格色彩。有人性格外向、热情直率，对任何问题几乎都能谈笑风生，畅所欲言；有人寡言好思，情绪不外露，态度比较严肃；也有人讷于言辩、孤僻自卑，对任何问题都敏感，甚至有点神经质。对性格外向的人尽管什么问题都可以提，但必须注意问得明白，不要把问题提得不着边际，否则很容易使谈话“走题”；对寡言好思的人，要开门见山，简洁明了，提问要富有逻辑性，尽量提那种“连锁式”问题，“你为什么会这样呢？”“后来呢？”等，这样可以促使他源源不断、步步深入地谈下去；对那种敏感而又讷于言辞的人，要善于引导，不宜开始就提冗长、棘手的问题，通常以他喜欢的话题，由浅入深据实发问，启发他把心里话说出来，但必须注意绝不能提令其发窘的问题。

4. 适应对方的心理

在问答过程中，提问的人、提问的内容、提问的方式，甚至提问行为的本身都会对被问人的心理产生一定的影响。提问人必须根据被问人的心理特点进行提问，这样才能达到提问的目的，收到较好的效果。

一位记者采访乡下一位老大娘，一见面寒暄几句，就问："听口音，大娘是山东人，好像是鲁中的吧？"

大娘一听就笑了："你这耳朵真灵。我是山东阳谷县人。"

记者又问："阳谷县？那不是好汉武松打虎的地方吗？景阳冈还有没有呀？"

大娘谈起家乡来，话就更多了。她也不拘谨了，不把记者当外人，什么话都唠，甚至把村里的"内部新闻"也毫无保留地倒了出来。记者十分顺利地完成了采访任务。

身居异乡的人是最爱谈故乡的。记者的提问正把"兴奋点"选在谈故乡上，一下子就问到了"点"上，抓住了大娘的心理，真是"钥匙投簧锁自开"啊。这样的提问使原本陌生的人之间迅速地达到了心理相容和心理共鸣，也就搭起了沟通彼此心灵的桥梁。

5. 掌握最佳时机

提问并不像逛大街、上自由市场那样随时都可以进行。有些提问时机掌握得好，发挥的效果才会好。两个过去很要好的朋友都刚刚走上工作岗位，一个偶然的机会他们相遇了，互相询问："你们单位怎样？工作还顺利吧，谈恋爱了吗？”显得既亲热自然，又在情理当中。但是，如果一位姑娘经人介绍与一位从未见过面的小伙子谈恋爱，公园门口两人准时赴约了，沉默了一会，姑娘抬起头来问：“你谈过恋爱吗？工作轻松吗？工资多少？”其结局就可想而知了。中国人见面打招呼都喜欢问一句“吃了吗？”如果这话用在吃饭时间前后，倒也无妨，但如果下午三点左右在公共汽车上遇到熟人也问这么一句，就难免让人感到有点莫名其妙。

一般来说，当对方很忙或正在处理急事时，不宜提琐碎无聊的问题；当对方正专心欣赏音乐文娱节目或体育比赛时，不宜提与这支音乐或这场文娱节目或体育比赛无关的问题；当对方伤心或失意时，不宜提太复杂、太生硬、会引起对方不愉快的问题。

总之，一把钥匙开一把锁。我们应该注意选择最佳时机，针对不同的对象，采用不同的对策提问，让对方在轻松、自然的气氛中，把思想深处的东西和盘托出。

◎ 提问方式有讲究

有讲究的问话主要表现在以下4个方面：

1. 话题的选择

在提问中问什么？怎么问？话题的选择是一大关键。日本心理学家多湖辉曾经说过，要使对方乐于答话，莫如挑拣他擅长的来说。其实，提问也是如此。比如一个人乒乓球打得好，你就可首先问："听说你打乒乓球很拿手，是吗？"和人交谈正像和人打乒乓球一样，问话人的提问正像打乒乓球时的发球，你以对方擅长的发问，就像特意发了个使对方容易接的球，他当然乐意"还击"，一来一往，谈笑风生，畅谈不休。正是在这个意义上说，提问可称为"谈话的发球"。

2. 词语的选择

如饮食店的服务员问顾客："您今天要些什么？"而不问："您要些什么？"这个提问中加了"今天"两个字，虽看似无意，其实大有奥妙：因为他的提问就好像把顾客看成了老主顾，使顾客心里热乎乎的。

3. 句式的选择

提问句按句式分为是非问、选择问、一般问、特殊问等，什么时候用哪种，这就有个选择问题。如有家咖啡店卖的可可里可以加鸡蛋。售货员就常问顾客："要加鸡蛋吗？"这样一问，就有的顾客选择了不加鸡蛋。后来在一位人际关系专家的建议下，提问就变成了："先生，您是要加一个鸡蛋，还是加两个鸡蛋？"通过这样的提问，就使顾客无论选择哪一种，都是选择了"加鸡蛋"，从而使销售额大增。

4. 顺序的选择

提问时的顺序也对对方的心理起到非常重要的诱导作用。同样一个提问，如果顺序一变，就会意思大变，所得到的结果自然也大不一样了。如日本战后许多商店因人手奇缺，想减少送货任务，又不想影响原先承诺的送货到家等商业信誉。于是有的商店就将"是您自己拿回去呢，还是给您送回去呢？"的问话改为"是给您送回去呢，还是您自己带回去呢？"结果大奏奇效：顾客听到后一种问法，大都这样回答说："还是我自己带回去吧。"这是因为，人们一般在听人谈话时往往注意后面的话，甚至多数人将一段话或一句话的最后一句当作结论性的话来看，所以，许多人在听到这种问话后就选择了后面的做法。这样，商店既达到了自己的目的，又没有违背服务的原则。

◎ 控制双方的问答，有目的地提问

提问在交际活动中处于主动地位。一个“问”提出来，就决定了对方说不说，说什么，怎么说；也决定了双方的交谈程序和交际气氛。所以“问”具有一种控制能力，提问艺术也包括了这种控制技巧。

1. 控制对方的回答

回答问题本来是被问人的事，但有时问话人可以在一定程度上控制对方的回答。如罗斯福在当选美国总统之前，曾在海军里担任要职。一天，一位朋友向他打听海军在加勒比海一个小岛上建立潜艇基地的计划。罗斯福向四周看了看，压低声音问：“你能保密吗？”“当然能。”“那么，”罗斯福微笑着说，“我也能。”委婉含蓄的拒绝，轻松幽默的情趣，既表达了自己不能泄密的原则立场，又没使朋友尴尬难堪，这种控制对方回答的提问产生了非常好的效果。这种效果的取得，关键在于罗斯福接过对方的话头说“我也能”，但对方的话语却是罗斯福诱导出来的，罗斯福选择“能保密吗？”的是非之问，也就决定了对方必然会说“能”，而这恰好就进了罗斯福的“圈套”。

2. 控制交际气氛

两人问答时，气氛是紧张还是融洽，对交际效果很有影响。交际气氛可由提问的问题和方式来控制。如审讯犯人："你昨晚去没去会计室？""去过。""一个人还是几个人？""一个人。""去干什么？""偷钱。""偷没偷？""偷了。"运用选择问句的句式和严肃的语气，使气氛紧张，对罪犯的心理产生压力，收到了较好的效果。

3. 控制自己由提问到表达的转变过程

有时人们提问不是要对方解疑，而是要对方听自己表达，这就有个由自己提问到自己表达的转变过程。有以下两种方法可控制这个过程：

一种是诱导提问法，即用一个问句诱导对方说出自己要他说的话，然后接过话头，表达自己想要表达的意思。如：电车上，一位先生给一位太太让座。这位太太一声不吭就坐下了。先生问："嗯，您说什么？""我没说什么呀？""哦，对不起。我以为您说了'谢谢'呢。"这位先生的提问是为了引出自己后面对女方的批评，显得含蓄而不失分寸。

另一种是步步设问法，即不立刻说出自己的观点，而是连续设问，让对方顺着自己的思路做出肯定的答复，最后服从自己的思想。如孟子在批评齐宣王不会治国时就是采用这种方法。孟子问：“假若您有一个臣子，把妻室儿女托付给朋友照顾，自己到楚国去了。等他回来时，他的妻子儿女却在挨饿受冻。对这样的朋友，该怎么办呢？”齐宣王答：“和他绝交。”孟子说：“假若管刑罚的长官不能管理他的部下，那该怎么办？”齐宣王答：“撤掉他！”孟子又问：“假若一个国家治理不好，那又该怎么办？”齐宣王这时只好“顾左右而言他”了。这里，如果孟子首先就问第三个问题，那必然会引起齐宣王的愤怒。孟子先设两问，诱导齐宣王做出肯定的回答，然后才提出“应该怎样处置不会管理国家的国君”这个他最终要提问的问题，这当然使齐宣王无言以对了。

◎ 将所期待的问题放在最后

我们在日常生活中也时常会遇上两者选择其一的情况。若是你想让对方选择自己所期待的，问话时最好是将它置于后方。

在邀请女孩子时，如果你先问：“去吗？”然后再问她：“不去吗？”可能80%的女孩子会说：“算了吧！”因为女孩子总是比较含蓄和留有余地的，对于没有把握的事往往选择“不”。

知道了女孩子的这种心理，你在邀请女孩子时就不妨运用一点攻心的技巧，即不妨先问她：“不去吗？”然后再问：“去吗？”增加她考虑答应的概率，情况就可能改变。

也有些女性总是难以开口说“不”，让你搞不清她的意思，你问她：“怎么决定？是去，还是不去？”她沉默不语。有位心理学家是这样说的：“女孩子的沉默不语，表示答应。”因此，你不妨这样问她：“怎么样，还是去吧！”除非她很快地开口说“不”，否则就表示默许了。

日本著名的心理学家多湖辉说过这样的话，根据人们选择后者的思维习惯，在有两个以上的选择时，将你所期待的问题放在最后，就能获得满意的回答。

他还举过这样一个例子。

某男演员是一个著名的花花公子。有一次，他在一家杂志上发表一段话，对于如何说服一名女性留下过夜，他用了这样的问法：“你是要回去呢，还是要住下来？”而绝不会问：“你是要住下来，还是要立即回去？”

你看了这段故事后，大概也会觉得这家伙确实有一手。

因为，当一名女性被自己喜欢的男性问及“是否要回去”时，心里便有了安全感，因为对方似乎颇尊重自己，同时又因为期待落空而略感失望，紧接着对方的“还是要住下来”的问话，又使失望感顿时消失，即使是不回答，也等于是答应了。

如果我们反过来先问“你是要住下来”的话，一般女性必定会产生警戒心，而接着又问“还是要回去”，使对方直觉感到是要回去，即使原本愿意留下来的，此时也不好说出口了。

当然，在实际生活中，即使两个人的交往已经到了亲密无间的地步，“是否住下”这一问题对女性而言，仍然是一个很大的问题，必然会产生紧张心理。第一种说法，表面上看似乎是尊重对方，其实不过是诱使女方就范的一种说辞。

◎ 只给出一个选择

有一个朋友，他的女儿才貌双全，许多条件很好的男人向她求婚，都被她拒绝了。

并非她不想结婚，而是她想到结婚以后，必须走进厨房，每天为柴、米、油、盐之类的事情烦心，就退缩了。

但是有一年，突然出现了一个让她决定出嫁的男士。

这个男士既能干又有钱，只是长得不英俊。每一次约会她都是在不知不觉中答应的。后来渐渐地了解了他的工作，也和他的家人见了面。

当有一天，她突然觉醒时已经太迟了，因为订婚戒指已牢牢地套在她左手的无名指上。

每次问她怎么会嫁给他时，她总是开玩笑地说："我是上了他心理战的当。"

有时又会说："可能一切都是命。"

也许因为说了这些话，而引起了她继续说下去的兴趣，她谈起了他们是如何开始约会，又如何闪电般迅速结婚的。现在我们来看看他们第一次约会时的对话是怎样的。

"网球和电影，你喜欢哪一种？"

"我喜欢看电影。"

"国产片和外国片，你是喜欢外国片？"

"是的，但是华星国际影城正在上演张艺谋导演的新片，虽然是国产片，我也很想看。"

"这样好了，这个礼拜天我们一起去看。"

这个女孩不假思索，轻松地答道："好吧！我们去看。"

然后，他们就经常一起看电影。

刚开始时，这个女孩根本没有想过要和这个男士约会，但事后想起来，当时男士问的问题中，她好像没有回答“No”的余地，都是说“Yes”或“OK”的。本来在一开始约会时，其内容都会有“Yes”和“No”的选择，如果是“Yes”的话，那么在以后的约会中，就会谈有关“Yes”的内容，或A和B问题中的内容，而这个男士在提问时，几乎无视这一点，他只让她从A或B中来选择“Yes”或“No”。

虽然，她在这场心理战中失败了，所幸的是她拥有了一个幸福的家庭，所以“失败”也就没有什么关系。

◎ 让对方说“是”

美国电机推销员哈里森，讲了一件他亲身经历的有趣的事：

有一次，他到一家新客户的公司去拜访，准备说服他们再购买几台新式电动机。不料，刚踏进公司的大门，便挨了当头一棒：

“哈里森，你又来推销你那些破烂了！你不要做梦了，我们再也不会买你那些玩意儿了！”总工程师斯宾斯恼怒地说。

经哈里森了解，事情原来是这样的：总工程师昨天到车间去检查，摸了一下前不久哈里森推销给他们的电机，感到很烫手，便断定哈里森推销的电机质量太差，因而拒绝哈里森今日的拜访，推销更是无门啦！

哈里森冷静考虑了一下，认为如果硬碰硬地与对方辩论电机的质量，肯定于事无补。他便采取了另外一种战术，于是发生了以下的对话：

“好吧，斯宾斯先生！我完全同意你的立场，假如电机发热过高，别说买新的，就是已经买了的也得退货，你说是吗？”

“是的。”

“当然，任何电机工作时都会有一定程度的发热，只是发热不应超过全国电工协会所规定的标准，你说是吗？”

“是的。”

“按国家技术标准，电机的温度可比室内温度高出42℃，是这样的吧？”

“是的。但是你们的电机温度比这高出许多，喏，昨天差点把我的手都烫伤了！”

“请稍等一下。请问你们车间里的温度是多少？”

“大约24℃。”

“好极了！车间是24℃，加上应有的42℃的升温，共计66℃左右。请问，如果你把手放进66℃的水里会不会被烫伤呢？”

“那——是完全可能的。”

“那么，请你以后千万不要去摸电机了。不过，我们的产品质量，你们完全可以放心，绝对没有问题。”结果，哈里森又做成了一笔买卖。

哈里森的成功，除了因为他的电机质量的确不错以外，他还利用了人们心理上微妙的变化。

当一个人在说话时，如果一开始就说出一连串的“是”字来，就会使整个身心趋向肯定的一面。这时全身呈放松状态，容易造成和谐的谈话气氛，也容易放弃自己原来的偏见，转而同意对方的意见。

使用让对方说“是”的方法，有几点要特别引起我们注意：

1.一定要创造出对方说“是”的气氛，要千方百计避免对方说“不”的气氛。因此，提出的问题应精心考虑，不可信口开河。

例如，一推销员与顾客之间发生了一场对话：

“今天还是和昨天一样热，是吗？”

“是的！”

“最近通货膨胀，治安混乱，是吗？”

“是的！”

“现在这么不景气，真叫人不知如何是好！”

这一类问题虽然不论推销员如何说，对方都会回答“是的”，好像已经创造出肯定的气氛，可是他说话的内容，却制造出一种让人无心购买的否定悲观的气氛。

也就是说，顾客在听到他的询问后，会变得心情沉闷，当然什么东西也不想购买了。

2.要使对方回答“是”，提问题的方式是非常重要的。什么样的发问方式比较容易得到肯定的回答呢？最好的方式应是：暗示你所想要得到的答案。

所以，在推销商品时，不应问顾客喜不喜欢，想不想买。因为你问他“你想不想买”“喜不喜欢”时，他可能回答“不”。因此，应该问：“你一定很喜欢，是吧？”

当你发问而对方还没有回答之前，自己也要先点头，你一边问一边点头，可诱使对方做出肯定回答。

◎ 相同的问题不同的问法

同是一个问题，措辞略有不同，效果就会相差很远，例如，说“邮筒在哪里？”和“在哪里有邮筒？”便有不同的答案。因为你问法不同，听起来就有差别。

以讲究衣着著称的美国电影明星辛西娅·吉布，某次出席一个聚会，穿的是一件红色的大衣，用一句形容词就是“红得很好看”。第二天，许多亲友和记者来问及那件红大衣的事，问法有如下的不同。

“吉布小姐，昨天你穿了件什么颜色的大衣呀？”（自由式）

“吉布女士，你昨天穿了件大衣，是红色，还是别的颜色？”（半自由式）

“是红色的吗？”（肯定式）

“不是红的吧？”（否定式）

“是红的，还是白的？”（选择式）

“是深红还是浅红？”（强迫式）

吉布事后对人说，她最不开心是听到“否定式”的提问，对于强迫式也不感到愉快。她笑道：“他们何不问我那大衣是浅绿还是深绿？这样，我会爽快地回答他是红的。”

否定的方式常会使问话的意义模糊不清，比如：

“你昨晚喝醉了酒所以没有回家吗？”

再如，在公共汽车上，有一个女学生问她的同学小赵：“你觉得这个假期的电影不算没有好看的吧？”

小赵听不懂对方的问话，因为小赵一时也想不出如何答她，答“有”呢，还是“不算没有”？因为她的问题实在令人难解。

聪明人都喜欢间接，但是大都加以滥用，所以有时会弄巧成拙。但是，凡是可能直接使对方难过，有所损害的，都以间接法为宜。

有这样一个例子：某地有一个退休干部，已99岁，拿退休金数十年，每次都由他的孙子到财务处领取。某次财务处换了一个新人，他看见花名册上写着领薪人的出生年份是1918年，算一算岂不已近百岁，心想可能是他的儿孙蓄意瞒报领薪人死亡，从而冒领退休金。

本来他可以问：“喂，同志，这个老先生究竟死了没有？”可是他并不这样问，却用了“间接法”：“老先生在1918年出生，他今年高寿了？”听话的人当然知道对方用意何在，于是答道：“今年99岁了，托福他还健在。”对方疑团顿释，当即语带歉意地说：“是吗？恭喜你有这么一个长寿的祖父。”于是双方满意告别。

要知道别人的年龄，直接询问也常会得不到好结果，尤其是问女性今年多大，简直会被对方认为是一种侮辱。被选为日本第一号保险推销员的原一平，就常用以下的方法问别人的年纪。

他先问对方：“你看我今年有多少岁呀？”对方说：“三十四五岁吧？”原一平就答：“你猜中了，我今年34岁，你呢，我看是四十二三吧？”（故意把对方估计年轻一些）

“哪里，我今年48岁了。”

先用一种方法向对方示以敬意，就是间接法的经典之处。比方说，你看见一个妇女大腹便便，你与其问她“你怀孕啦？”，还不如说“恭喜你！”

◎ 超级聊天术：问句类型举例

以下是封闭式与开放式问句类型举例：

1. 封闭式问句

例一：有相当程度威胁性，令人不舒服

“上星期三，你上哪儿啦？”

“你有没有向××提那件事？”

例二：供对方任意选择

“你的专业是文科还是理科？”

“毕业后，你是去政府机关，还是到工矿企业，抑或是留校？”

例三：让对方进一步明朗态度

“你想办××那件事，决定了没有？有什么困难吗？”

“你说领导交给你的那项任务非常不好办，现在有没有勇气承担？”

例四：敦促对方表态

“一个共产党员，必须无条件服从革命需要，你说是吗？”

“学习刘翔的拼搏精神，就能克服困难，你说对不对？”

“他一贯表现很好，应不应该受到表扬？”

例五：参照式问句，用第三者的意见说服对手

“老李认为这事应该采取措施完成，你以为如何？”

“经理说，今年把营业额提高10%，大家认为怎么样？”

2. 开放式问句

例一：使大家畅所欲言

“你对自己当前工作表现有什么看法？”

“你看我们承担任务应该怎样开展才好？”

“你对明年的工作计划有什么考虑？”

例二：征求意见

“公司经理说需要派一个人去洽谈业务，你愿意去吗？”

“工厂要搞一项技术革新，你在这方面有基础和经验，你愿意参加吗？”

“我校新兴学科缺乏教师，要公开招聘，你愿意报考吗？”

例三：探索式问话可以显示兴趣和重视

“你谈到在工作中遇到不少困难，你能不能告诉我主要有哪些？”

“你刚才讲不适合承担这项工作，你能进一步说明原因吗？”

“你说小张有才华可以提拔重用，能不能进一步谈谈理由？”

例四：启发对方谈出新看法

“现在接近年末了，你能不能谈谈对今年工作的评价？”

“你在报刊上发表了不少学术论文，对于学术研究有什么窍门？”

“明年的物价可能还要上涨，你有什么看法和意见？”

CHAPTER 7

肯倾听，别人就会谈得开

交流固然十分重要，但有时候，做一个聆听者更能够给你带来意外的收获。聆听越多，你就会变得越聪明，就会被更多的人喜爱，就会成为更好的谈话伙伴。一个好听众总能比一个擅讲者赢得更多的好感。一项关于友情的调查结果显示，拥有最多朋友的是那些善于倾听的听众，而不是能言善辩、引人注目的演说家。聪明的聆听者能够让说话者有充分的表达机会，自然就更容易获得别人的好感。倾听是最简单有效的赢得信任的手段，所以要学会做个聪明的听众。

◎ 不要随便地打断别人

他人的自我意识好像一个卫兵，站在他的潜意识入口，如果你唤起了他的自我意识或把它激发过重，他绝不会接受你的意见。因此，想说服对方，先不要打断他，让他陈述他的意见和理由，即使你无法同意和接纳，也不要打断对方，尤其是提出正面反对意见时，更应先听对方的意见。等听完后再开始说“你说得很有道理，但是……”等反对理由。

心理学家提出了一个概念——心理定式：若一个人心里有事，他就会启动其心理定式准备讲话，直到他把事情全部说完，他的心理定式才会转而听取你的意见。所以，假如你想让自己的意见被对方听进去，达到说服他的目的，首先必须学会听对方讲话。这么一来，对方就会有一种你很注意听他说话的感觉，认为你很尊重他的意见，进而产生想和你说话的心理。这时，对方已经对你有了好感，会不知不觉地朝被说服的方向去思考问题。这一点是在说服对方时相当重要的一种心理战术。

如果你不听对方的意见就直接提出反对，那么，势必引起对方在感情上的反感，当然也就无法引起他听你说话的欲望。所以，你这样做是极不明智的，尤其是对一些比较霸道和固执的人，采取这种方式会马上遭到反驳。

最有攻心技巧的人，当他的意见遭到反对，或别人要发牢骚时，总是耐心地听对方把话讲完，还进一步请对方重复其中某些观点和理由，询问对方是否还有别的事情要说。这样做消除了对方的抵触情绪，使对方意识到倾听者对他的观点感兴趣。

另外，社会心理学家通过对人际关系的研究，一致提出，人际相处的一个最根本的信条就是“不批评对方”，并且，要完全倾听对方的谈话，这样，才能使对方开怀畅谈。在心理咨询时，心理医生通常都尽量让对方说完自己想说的话，而避免在中途打岔。否则，对方倾诉的欲求得不到满足，彼此也就无法建立较亲密的交谈关系，甚至会造成双方敌对的情绪。另外，一项客户与推销员问题信赖程度的调查也显示：那些在商品售出之后会受到客户非分要求的推销员，大部分都喜欢说话，并且经常打断客户的话。因此，我们可以推知，要启开对方心扉，建立起亲密的关系，关键就在于说话的方式与内容。这样，大家就能明白有作为的推销员多半较木讷的道理了。

要获得好人缘，要想让别人喜欢你、接纳你，就必须根除随便打断别人说话的陋习，在别人说话时千万不要插嘴，并做到以下几点：

1. 不要用不相关的话题打断别人说话。

2. 不要用无意义的评论打断别人说话。

3. 不要抢着替别人说话。

4. 不要急于帮助别人讲完事情。

5. 不要为争论鸡毛蒜皮的事情而打断别人的话题。

◎ 做一个耐心的倾听者

现代社会中，我们希望人人都能勇于开口，大胆说话。但凡事都有个分寸，如果我们不会把握这个分寸，那就只能适得其反，弄巧成拙。

生活中有许多是非之争是因为谈话多了。话说得愈多，出毛病的机会也就愈多。教人少说废话多做实事，这是古今中外哲人学者的共识。它饱含着深刻的辩证法则。真正有学问的人大智若愚，不乱说话，相反那些腹中空空，没有几点文墨的人却喜欢大吹大擂。所以，我们应记住一条原则：在任何地方和场合，最好少说话。若是到了非说不可时，那你所说的内容、意义，所选用的词句，所伴随的姿势以及说话的声音，都不可不加以注意。在什么场合该说什么话，用什么方式说，都值得注意。无论是在探讨学问、接洽生意，实际应酬或娱乐消遣中，我们说出的话一定要有中心，要能具体、生动，要十分精彩。

在类似座谈会的场合中，大家都是踊跃发言，而不注意听清楚别人的意思。所以，经常产生误会，各想各的，都站在自己的立场，擅自解释别人的意见，表面上看起来，大家讨论得十分热烈，事实上非常散乱。因此，真正有见识的人，会在脑中把众人的论点分析、整理出来，而当座谈会进行到中段以后，才提出他归纳后的要点，让大家有个一致的方向。然后，再说出自己的意见，使整个讨论的方向更为明确，这种人才是最会表达的人。

为保证说的每一句话为人所重视，不惹人讨厌，唯一要做的是少说话，静静地思考，耐心地听别人说话。

做一个耐心的倾听者要注意6个规则。

规则一：对讲话的人表示称赞。这样做会形成良好的交往气氛。对方听到你的称赞越多，他就越能准确表达自己的思想。相反，如果你在听话中表现出消极态度，就会引起对方的警惕，对你产生不信任感。

规则二：全身心注意倾听。你可以这样做：面向说话者，同他保持目光的亲密接触，同时配合标准的姿势和手势。无论你是坐着还是站着，与对方要保持在对于双方都最适宜的距离上。我们亲身的经历是，只愿意与认真倾听、举止活泼的人交往，而不愿意与推一下转一下的石磨打交道。

规则三：以相应的行动回答对方的问题。对方和你交谈的目的，是想得到某种可感觉到的信息，或者迫使你做某件事情，或者使你改变观点，等等。这时，你采取适当的行动就是对对方最好的回答方式。

规则四：别逃避交谈的责任。作为一个听话者，不管在什么情况下，如果你不明白对方说出的话是什么意思，你就应该用各种方法使他知道这一点。

比如，你可以向他提出问题，或者积极地表达出你听到了什么，或者让对方纠正你听错之处。如果你什么都不说，谁又能知道你是否听懂了？

规则五：对对方表示理解。这包括理解对方的语言和情感。有个工作人员这样说：“谢天谢地，我终于把这些信件处理完了！”这就比他简单说一句“我把这些信件处理完了”充满情感。

规则六：要观察对方的表情。交谈很多时候是通过非语言方式进行的，那么，就不仅要听对方的语言，而且要注意对方的表情，比如看对方如何同你保持目光接触、说话的语气及音调和语速等，同时还要注意对方站着或坐着时与你的距离，从中发现对方的言外之意。

在倾听对方说话的同时，还有几个方面需要努力避免：

1. 别提太多的问题。问题提得太多，容易造成对方思维混乱，谈话精力难以集中。

2. 别走神。有的人听别人说话时，习惯考虑与谈话无关的事，对方的话其实一句也没有听进去，这样做不利于交往。

3. 别匆忙下结论。不少人喜欢对谈话的主题做出判断和评价，表示赞许和反对。这些判断和评价，容易让对方陷入防御地位，造成交际的障碍。

再列举6点令人满意的听话态度：

1. 适时反问。

2. 及时点头。

3. 提出不清楚之处并加以确认。

4. 能听出说话者对自己的期望。

5. 辅助说话的人或加以补充说明。

6. 有耐心并想深入了解说话的内容。

◎ 有时候沉默是金

哲学家说：沉默是一种成熟；思想家说：沉默是一种美德；教育家说：沉默是一种智慧；艺术家说：沉默是一种魅力；科学家说：沉默是一种发明。我们知道，在人际交往中，沉默是一种难得的心理素质和可贵的处世之道，当然任何事情都不是绝对的。

具备优势的时候需要沉默。“天地有大美而不言”，太阳不语自是一种光辉；高山不语，自是一种巍峨；蓝天不语，自是一种高远……人也一样，桃李不言，下自成蹊。取得成绩的时候需要沉默。面对成绩和掌声，成功者报以深深的一鞠躬。这是无声的语言，是恰到好处的沉默。遭受挫折的时候需要沉默。在失败和厄运面前，拭去眼泪，咬紧牙关，默默地总结教训，然后再投入新的战斗，不失为上策。等待时机需要沉默。造化总是把机会赠送给有充分准备的人。怨天尤人无济于事，不断充实和完善自己才是可靠的。承受痛苦的时候需要沉默。如果有亲友沉浸在不能自拔的悲伤之中，此刻，无论你说什么，他都听不进去，那就默默地陪他度过一段时光，默默地为他做一些事情就好。沟通心灵的时候需要沉默。不是随便打断他的话，而要善于倾听。在倾听中汲取智慧，弥补纰漏，建立信任，产生满足。

“少说话、少评论、少批评”，牢记“沉默是金”，才能更好地应付复杂的人际关系。切记管住自己的一张嘴。有一位朋友说：“我曾经遇到过这种情况：张女士和杨女士都是我的同事，我发现杨女士经常在我面前说张女士的坏话，而张女士很少说对方的不好。不管她们说什么，我从没有向任何人提到过这些琐碎的闲话，因此，我们三人至今相处很好。”我们可以想象，如果不恪守沉默是金的原则，情况会变成什么样。

◎ 把劝说的动机隐藏起来

古希腊有个神话，说宙斯给潘多拉一个盒子，盒子里面装着这个世界所有的罪恶和苦难。宙斯告诉她绝对不能打开。潘多拉很好奇，越是不让打开，她就越想打开盒子，看看里面到底装了什么。结果她打开了盒子，放出了世界上所有的罪恶。

这种心理在现实生活中确实存在，越是禁止的东西，人们越感兴趣，越难得到的东西，也就越显得珍贵。为什么会有这种现象呢？心理学家认为：人类有一种探究的本能，遇事都想知道个究竟，以揭示其奥秘。就是这个本能激发了人们的好奇心，驱使人们去揭开事物的真相。

利用这个道理，我们要劝说别人的时候，为了增强信息的影响力，就需要把劝说动机巧妙地“隐藏”起来，让被劝说者感到“意外”地获得了劝说的信息，能有效地增加信息的可信度。

在改变人们的态度时，也可以根据逆反心理的特点，把某种劝说信息以不宜泄露的方式表达给被劝说者，或者以不愿让人们获得的方式出现，就可能引起人们对这一信息的重视，使他们毫不怀疑地接受它。

有时候耳语也能起到这样的效果，喃喃细语是富有情趣的。你看恋人只有在很甜蜜的时候才会肩并肩地窃窃私语，吵架的时候绝不会如此。劝说他人也是如此。我国有个成语叫“促膝长谈”，意思就是靠在一起说知心话。坐在一起面对面和风细雨地谈，比站着喊更能让人感到亲切。如果你说话的声音由于情感的融合而逐渐变小，那么心理的交流也就会逐渐顺畅，两个人的心沟通了，劝说自然也就容易起来了。

◎ 耐心听别人谈他自己

有一首诗说：“九牛一毛莫自夸，骄傲自满必翻车。历览古今多少事，成由谦逊败由奢。”这话是针对那些缺乏自知之明，盲目自满的人说的，但对于我们正确地对待生活，塑造自己良好的交际形象和性格品质，也有着十分现实的意义。人的学业无止境，无论潜心自学还是向人求学，没有谦虚的态度就不会有长进。人生道路曲曲折折，要在复杂的人际关系里游刃自如，健康发展，没有虚心、诚恳的态度同样是不行的。“成由谦逊败由奢”，有了谦逊的态度，才会有自知之明，知道自己的不足，才有了努力的方向。

有不少人为了使别人赞同自己的意见，就唠唠叨叨地说个不停，使别人根本没有说话的余地。尤其是推销员最易犯这个毛病，一味对顾客夸耀自己的货物如何好，使顾客没有插嘴的余地，其实这是最错误的做法。顾客有购买的念头，才挑剔货物，他批评这些货物，不必与之争辩，选定之后，他自然会购买。若是你和他争辩，就如同指责顾客没有眼光，不识好歹。顾客受此侮辱，肯定到别家去了，岂不白白损失了一笔生意？

所以人家说话的时候，自己若有不同意之处，应待别人说完，切不可插嘴或阻止人家，阻止人家其实是最大的错误。因为当人家还有许多话没有说完时，人家绝不会接受你的意见，也根本不注意听你所说的。所以我们应鼓励别人把意见表达出来，耐心地倾听别人讲话。

◎ 成败说出来，机遇听出来

古代有一位国王，一天晚上做了一个梦，梦见自己满嘴的牙都掉了。于是，他就找了两位解梦的人。国王问他们："为什么我会梦见自己满口的牙全掉了呢？"第一个解梦的人就说："皇上，梦的意思是，在你所有的亲属都死去以后，你才能死，一个都不剩。"皇上一听，龙颜大怒，杖打了他100大棍。第二个解梦人说："至高无上的皇上，梦的意思是，您将是您所有亲属当中最长寿的一位呀！"皇上听了很高兴，便拿出了100枚金币，赏给了第二位解梦的人。

同样的事情，同样的内容，为什么一个会挨打，另一个却受到嘉奖呢？因为挨打的人不会说话，得赏的人会说话而已。

"一句话说得人笑，一句话说得人跳。"关键就看你能不能把话说得巧妙。这里所谓的巧妙指的就是能够说出最善解人意或最贴切的话。要达到巧妙的境界，就必须对周围的人和事十分敏感，并掌握说话的技巧，随时都能果断地陈述自己的意见，而且重点是不能引起他人的反感。用这种技巧来处理棘手的情况或人际关系，你自然会令人感觉“如沐春风”而不是“言语可憎”。

从小到大，我们受到的教育中，关于“说话”的部分并不算少，比如作文，比如演讲，都是在教你如何表达自己的思想。然而，大家似乎都忽略了另一个重要内容：听。

古希腊有一句民谚说：“聪明的人，借助经验说话；而更聪明的人，根据经验不说话。”每个人都希望获得别人的尊重，得到别人的重视。当我们专心致志地听对方讲，努力地听，甚至是全神贯注地听时，对方一定会有一种被尊重和重视的感觉，双方的距离必然会拉近。

一名推销员从内地刚来到深圳时去拜访一个保险客户。那个客户不会说普通话，只会说上海话。推销员听了半天也不太明白对方在说什么，唯一听明白的是：好像他的子女对他不太好。

对方从表情上也看得出推销员听不懂他的方言，但仍然自顾自地说个不停。他只是想满足自己倾诉的欲望。这位推销员刚入行做保险，什么都不会，面对这个客户，他唯一能做的就是聆听。没想到，谈话结束的时候，他签到了他的第一份保单。

这就是聆听的作用。聆听是一种能力，也是沟通与交流的基础。

一个人要和别人交谈，不仅自己要懂得如何去说，更要懂得如何去聆听。缺乏聆听的技巧，往往会导致轻率的批评。一个人会随意地做出批评或发出不理智的言论往往是因为他不管别人要说什么，只想主控整个交谈的场面。如果你仔细聆听别人对你意见的回馈或反应，就能确定对方有没有在听你说话，得知对方是否已了解你的观点或感觉。而你也可以看出对方所关心、愿意讨论的重点在哪里。

成败是说出来的，机遇是听出来的。只有插上“听”“说”这两只翅膀，我们才能高高地飞翔。

◎ 超级聊天术：倾听中的插话技巧

在社交场上，你时常可以看到你的一个朋友和另外一个不认识的人聊得起劲，此时，你可能会有加入进去的想法。

因为你不知道他们的话题是什么，而你突然加入，可能会令他们觉得不自然，也许因此话题接不下去了。更糟的是，也许他们正在进行着一项重大的谈判，却由于你的加入使他们无法再集中思想而无意中失去了这笔交易；或许他们正在热烈讨论，苦苦思索解决一个难题，正当这个关键时刻，也许由于你的插话，导致对他们有利的解决办法告吹，到后来场面气氛就会转为尴尬而无法收拾。此时，大家一定会觉得你没有礼貌，进而都厌恶你，导致社交失败。

假设一个人正讲得兴致勃勃时，你突然插嘴：“喂，这是你在昨天看到的事吧？”说话的那个人因为你打断他说话，绝对不会对你有好感，很可能其他人也不会对你有好感。

许多不懂礼貌的人总是在别人谈着某件事的时候，在说到高兴处时，冷不丁地半路杀进来，让人猝不及防。这种人不会预先告诉你，说他要插话了。他插话时有时会不管你说的是什么，而将话题转移到自己感兴趣的方面去，有时又把你的结论代为说出，以此得意洋洋地炫耀自己的口才。无论是哪种情况，都会让说话的人顿生厌恶之感，因为随便打断别人说话的人根本就不知道如何尊重别人。

不得体的插话是无礼的表现，恰到好处的插话才能推进交谈过程的顺利进行。

一个倾听高手在倾听过程中如何插话，才有助于达到最佳的倾听效果呢？根据不同对象可采取不同的方法。

1. 当对方在同你谈某事，因担心你可能对此不感兴趣，显露出犹豫、为难的神情时，你可以趁机说一两句安慰的话。

“你能谈谈那件事吗？我不是十分了解。”

“请你继续说。”

“我对此也是十分感兴趣的。”

此时你说的话是为了表明一个意思：我很愿意听你的叙说，不论你说得怎样，说的是什么。这样可以消除对方的犹豫，坚定他倾诉的信心。

2. 当对方由于心烦、愤怒等原因，在叙述中不能控制自己的感情时，你可用一两句话来疏导。

“你一定感到很气愤。”

“你似乎有些心烦。”

“你心里很难受吗？”

说完这些话后，对方可能会发泄一番，或哭或骂都不足为奇。因为，这些话的目的就是把对方心中郁结的一股异常情感“诱导”出来，当对方发泄一番后，会感到轻松、解脱，从而能够从容地完成对问题的叙述。

值得注意的是，说这些话时不要陷入盲目安慰的误区。不应对他人的话做出判断、评价，说一些诸如“你是对的”“他不是这样的”一类的话。你的责任不过是顺应对方的情绪，为他架设一条“输导管”，而不应该“火上浇油”，强化他的抑郁情绪。

3. 当对方在叙述时急切地想让你理解他的谈话内容时，你可以用一两句话来“综述”对方话中的含意。

“你是说……”

“你的意见是……”

“你想说的是这个意思吧……”

这样的综述既能及时地验证你对对方谈话内容的理解程度，加深对他的印象，又能让对方感到你的诚意，并能帮助你随时纠正理解中的偏差。

以上3种倾听中的谈话方法有一个共同的特点，即不对对方的谈话内容发表判断、评论，不对对方的情感做出是与否的表示，而始终处于一种中性的态度上。切记，有时在非语言传递的信息中你可以流露出你的立场，但在语言中切不可流露，这是最重要的。如果你试图超越这个界限，就有陷入倾听误区的危险，从而使一场谈话失去方向和意义。

CHAPTER 8

有分寸，把话说得恰到好处

拿破仑曾经说：“一个士兵不是为了每天可以赚到几块钱而去面对死亡，也不是为了争取微不足道的勋章；他完全是因为某人的话打动了他的心，激起了他的热忱。”说话恰到好处，别人才会接纳你、尊重你、帮助你。反之，你不懂分寸、说话冒失、举止失体、不识深浅、不知厚薄，就会惹人厌烦，处处碰壁。

◎ 话到嘴边留半句

尽管说话要求有一说一，有二说二，无需曲里拐弯地云山雾海一番，但在与人交往时，为了避免伤害他人，为了更好地赞美他人或是为了得到别人的帮助，必须将要表达之意寓于其他话语中，而不能做所谓的“直肠子”，快人快语，结果把事情搞砸。

有一次，林肯在某个报纸编辑大会上发言，指出自己不是一个编辑，所以他出席这次会议是很不相称的。为了说明他最好不出席这次会议的理由，他给大家讲了一个小故事：

“有一次，我在森林中遇到了一个骑马的妇女，我停下来让路，可是她也停了下来，目不转睛地盯着我的面孔看。

“她说：‘我现在才相信你是我见到过最丑的人！’

“我说：‘你大概讲对了，但是我又有什么办法呢？’

“她说：‘当然你生下来就这副丑相是没有办法改变的，但你还是可以待在家里不要出来嘛！’”

大家为林肯幽默的自嘲而哑然失笑。

林肯巧妙地运用了自嘲来表达自己的拒绝意图。既没让人难堪，还使人在愉快的氛围中领悟到林肯的意图。

有时候为了避免直言相告，还可巧妙地寻找借口来为自己解围或是保全他人的面子。

舞会上别人邀请你，你内心实在不想跟他跳，可以说：“我累了，想休息一下。”既达到谢绝目的，又不伤别人的自尊心。

别人与你相约同去参加某一活动，但届时你忘记了，或过后生悔，未去赴约。直接说出原因，将会影响别人对自己的信任，也是对他人的不尊重。一般情况下，失约的原因可能有身体不适、家中有事、客人来访等，你可挑选较合情理的一种，作为事后的解释。

话到嘴边，应该留下哪“半句”呢?

1. 隐私或秘密不可轻易泄露

这两样东西，将暴露自己的意图和弱点。对方也许是朋友不是敌人，不过就怕他受敌人利用。

偶有一些人，“心底无私天地宽”，敢说就敢做，敢做就敢当，没有什么隐私，也不怕受损，“事无不可对人言”。这种人都是遍体鳞伤的英雄，10个人中大概有9个不敢自认是这种人，也没有“打落牙齿和血吞”的心理准备，所以话到嘴边，留下这要命的半句是非常有必要的。

2. 留住自以为是的见解

人们都是根据有限信息进行思考并形成想法，在信息残缺不全时，会形成偏见。加上感情倾向与情绪作用，会使自己的见解偏得更厉害。正如索罗斯说：“我们对世界的所有认知都有缺陷，因为我们无法透过没有折射作用的棱镜看待这个世界。”

虽然每个人的想法都带有偏见，但掌握信息较多、比较理智、能有效克服情绪的人往往意见更正确，至少更令人信服。因为在一些人中，大家的见解都超不过他的见解。你看那些经验丰富的领导人，当别人进行热烈的讨论时，他却坐在那里一言不发。等别人把想说的话都说完了，他再发表意见，一开口就语惊四座，让大家都觉得自愧不如。其实，他在保持沉默时，并非没有想法，只不过能隐忍不言而已。当他听完所有人的讨论后，掌握的信息已经比别人多了，在此基础上形成的想法，自然胜过所有人。

3. 避免对别人不恰当的批评和指责

所谓不恰当，有多种含义：如果你看错了对象，误会了人家，批评和指责无疑是不恰当的。假如对方确有挨批的理由，是否批他，还得看风向。

比如，你这样做是否对他确有帮助？是否会加深误会激化矛盾？另外，如果对方已经意识到了自己的错误，并有改正的倾向，就没有必要对他说三道四了。

当你确定批评他是必须而且有用的，点到为止即可，把多余的废话咽回去。

你也许挨过一些领导的批评，那些被你认为是有涵养的领导，总是羞答答地说那么一句半句，好像很难为情似的，你这么大的人了，真不方便说你。正因为这样，给你的印象反而特别深刻。

4. 不发毫无价值的牢骚

牢骚太盛防肠断。生活本来就是不如意的事要占很大比例，你到哪里去找一个圆满的世界？已经吃到肚子里的东西，无论米谷糟糠，总是要自行消化的，岂能吐出来让别人心情难受？抱怨通常没有价值，只有一种例外：你想让某人知道你的想法，却不便当面说，想让眼前这个喜欢多嘴饶舌的人带话过去。

5. 抛弃不着边际的废话

为说话而说话，把东家的长西家的短都搬出来当谈资，讲完了也不知道自己到底说了什么，这无疑是废话。那又何必说？那又何必说太多？

◎ 不便直说就委婉一点

委婉是用迂回曲折的语言表达本意的方法。说话者故意说一些与本意相关或相似的话，以烘托本来要直说的意思。委婉是交谈的“缓冲”，它会让原本可能困难的交往变得顺利起来，让听者在比较舒适的氛围中领悟到本意。

公元前613年，楚庄王熊旅继位，当时的朝政由斗克和公子燮把持，庄王只是一个傀儡。他即位起初的三年里，日夜饮酒作乐，并下了一道命令：有来劝谏者处死。眼看朝廷政事混乱不堪，国势日益衰微，大臣成公贾冒死请求庄王接见。庄王一见成公贾便大声责问道：“你难道不知我禁止劝谏的命令吗？”成公贾故作惊惶地答道：“大王之令我岂会不知？我是来出谜语为大王助兴的。”庄王一听，转怒为喜地说：“你说说看吧。”成公贾说：“南山上有一只大鸟，三年里站在大树上不飞不动也不叫，不知道这是什么鸟。”庄王沉思了一会儿说：“三年不飞，一飞冲天；三年不鸣，一鸣惊人。这是只不同凡俗的鸟。你的意思我懂了，你下去吧！”从此后，庄王一改往日颓废的作风，亲理朝政，提拔贤能，除奸杜佞，国势蒸蒸日上。

根据不同的对象和环境，有时说话需要直来直去，有时则需要拐弯抹角。所谓拐弯抹角，就是通过转换角度，或者借助其他中介来说服对方。先秦时代，辩士们进谏国君往往用拐弯抹角的方法，这是因为君王喜怒无常，好恶不分，直言进谏反而得不偿失。上述例子中，成公贾如果直接向庄王进谏，就违抗了庄王先前的命令。所以他采取了“出谜语”这个方法，拐弯抹角地说，让庄王自己领会。

拐弯抹角能激起人思想上的波澜，让人在思索中明白事理，说服力更强。

运用拐弯抹角的方法时有几个特点：

1. 需要借助中介，如一个故事、一则寓言等，就事论理。

2. 巧妙利用时机，不以专门劝谏者的身份出现，以免造成对立局势。

3. 换角度提出劝谏，在另外的事情上做文章，其中的隐义由对方自己悟出，使其在自我启发中认识错误，这样既免除了对方心理和面子上的顾虑，又便于改正错误和接受意见。

《战国策》里记有这样一则“南辕北辙”的故事。说的是，从前魏王欲攻打赵都邯郸，谋臣季梁知道此事，忙从旅途返回，求见魏王。他对魏王说：“我在返回的途中遇到一个男子，正赶着车向北走，却告诉我他要去楚国。我提醒他：‘若要去楚国往南走才对。’可那男子说：‘我的马是日行千里的好马。’我说：‘马是好马，可是你却弄错了方向。’那男子又说：‘我带够了旅费。’我说：‘你的旅费够了，但你的方向走反了。’可那男子又说：‘我的御夫技术高超！’诚然他具备了所有条件，可他却犯了方向性的错误。楚在南，他却向北，因此，他的条件越好，离楚国就越远。大王，您身为霸者之一，刚刚获得天下的钦佩，却想仗着国富兵强而攻打赵国，你的目的是扩大领土，远播威名。但赵国并非弱小，若进攻不利，反而削弱魏国，可能从此离霸业日远矣。这不就和那个欲去楚国，却偏偏向北走的男子一样吗？”魏王听过故事后，若有所悟，改变了原来的主意。

◎ 别开重口味的玩笑

几个好朋友聚在一起时，大家开开玩笑，相互取乐，说话不受拘束，原是一件让人高兴的事。不过凡事有利也有弊，乐极生悲，因开玩笑而使朋友不快的事情也常常遇到。

因此，有的人竟认为谈话时开玩笑应该避免，这是大可不必的。如果好朋友见面连开玩笑的话也不许说，那么生活也未免太乏味了。所以，生活中我们真正要注意的是开玩笑的方法，即不开过头的玩笑。

开玩笑之前，你先要注意你所面对的对象是否能受得起你的玩笑。一般来讲人可分为三类：第一种，狡黠聪明。第二种，敦厚诚实。第三种，则介乎两者之间。对第一种人，即狡黠聪明的人开玩笑，他不会使你占便宜的，结果是旗鼓相当，不分高下。第二种，敦厚诚实者，则无还击之计，亦无抵抗之力。这种人喜欢和大家一齐笑，任你如何把他取笑，他脾气绝好，不会动怒。对第一、第二种人，你可以看看对方的情形，而知道能否开玩笑。唯有介乎两者之间的那种人，最应认真对待。这种人大概也爱和别人笑在一起，但一经别人取笑时，既无立刻还击的聪明机智，又无接纳别人玩笑的度量。如果是男的则恼羞成怒、反目不悦，如果是女的就独自痛哭一顿，说是受人欺侮。所以，开玩笑之前，要先认识对方，最为安全。其次，要适可而止。开玩笑，一两句说过便完了，不要老是开一个人的玩笑，也不要连续开好几个人的玩笑，不然你必招来非议。

开玩笑本来是一种调解谈话气氛的良好方式，但使对方太难堪了，亦非开玩笑之道。你笑你的同学考试不及格，你笑你的朋友怕老婆，你笑你的亲戚做生意上了当而蚀本，你笑你的同伴在走路时跌了跤……这些都是需要同情的事，你却拿来取笑，不仅使对方难于下台，且表现出你的冷酷。同样，也不可拿别人生理上的缺陷来做你开玩笑的材料，如斜眼、麻面、跛足、驼背等。别人的不幸，你应该给予同情才是。如果在谈话的人中，有一位在生理上有缺陷，那么在谈话中，要避免易使人联想到缺陷方面的笑话。

有一天，几个同事在办公室聊天。其中有一位李小姐提起她昨天配了一副眼镜，于是拿出来让大家看看她戴眼镜好看不好看。大家不愿扫她的兴都说很不错。这时，同事老王因此事想起一个笑话，便立刻说出来：有一个老小姐走进皮鞋店，试穿了好几双鞋子。当鞋店老板蹲下来替她量脚的尺寸时，这位老小姐是个近视眼，看到店老板光秃的头，以为是她自己的膝盖露出来了，连忙用裙子将它盖住。立刻她听到了一声闷叫。“浑蛋！”店老板叫道，“保险丝又断了！”

接着是一片哄笑声。谁知事后竟从未见到李小姐戴过眼镜，而且碰到老王再也不和他打一声招呼。其中的原因不说自明。说者无心，听者有意。在老王来想，他只联想起一则近视眼的笑话。然而，李小姐则可能这样想：别人笑我戴眼镜不要紧，还影射我是个老小姐。

说笑话要先看看对哪些人说，先想想会不会引起别人的误会。像上例中老王严重地伤了一个人的自尊，却是他始料不及的。

人与人相处，适当开开玩笑，以活跃气氛，增进友谊和感情。但是开玩笑也要把握分寸，不能开过头玩笑，特别是涉及对方的个人隐私和生理缺陷的话题，更是不能随便开玩笑，否则会引起对方不悦和反感。开玩笑，重在诙谐幽默，恰到好处。

◎ 点到为止，识破别说破

面子在中国人心目中可谓是一件大事，士可杀不可辱，侮辱别人是何等沉重的一条大罪。但是，当对方“自取其辱”时，你要如何既保全对方的颜面，又达到自己的目的呢？

一次，郑武公设宴款待来自各国的使者，餐桌上摆着精致绝伦、刻着9条龙的酒杯供各国使者使用。每位使者把玩欣赏自己面前的九龙杯，都对上面精细的刻功赞不绝口。

宴会结束时，一个眼尖的侍卫看到胡国的使者竟然趁别人不注意时，偷偷拿了一个九龙杯藏到自己的袋子里。

他把这件事报告了大将军，但大将军担心直接向胡国使者要回杯子，会使对方恼羞成怒，因此迟迟不敢有所动作，打算先请示郑武公的意见。

郑武公左思右想，到底要怎么样才能顺利地取回这个九龙杯，又让大家都和和气气的，不伤感情呢？

“好，我有办法了！晚宴后不是安排民俗技艺给远道而来的贵宾们欣赏吗？我们就加一场魔术表演，让各国使者开开眼界。”郑武公的算盘已经打好，拈着胡子，一副胸有成竹的样子。

吃饱喝足以后，魔术表演正式登场，魔术师将三个九龙杯用黑布盖起来，接着拿了个道具，神秘兮兮地对着黑布比画一下，等到黑布被掀开时，三个九龙杯竟然只剩下两个。

在众人鼓掌欢呼时，魔术师向观众表示，其中那个凭空消失的杯子被他变到台下观众那里了。然后，魔术师缓缓地走向胡国使者，彬彬有礼地请他打开袋子，把袋子里的九龙杯拿回台上。

胡国使者虽然吃了闷亏，不过碍于情面，还必须配合大家为这个精彩的魔术表演拍手叫好。

虽然郑武公坏了胡国使者的好事，但是却保全了胡国使者的面子。如果郑武公当众揭穿胡国使者令人不齿的行为，即使最后取回九龙杯，却也不免有小题大做的嫌疑，甚至引来吝啬小气的批评，就算有理，也是得不偿失。

记住，多了个朋友就等于少了个敌人，给对方留条后路，也就等于给自己留条后路。冲动地撕破脸固然大快人心，但是，撕破脸之后呢？有时你也冲动地断送了自己的后路。

我们不主张对他人包庇，但从另一个角度来说，对待身边的人出现的错误或异常情况，切忌主观臆断，一定要深入调查，查明原委，再对症下药。

某中学曾经有位学生上学经常迟到，上课铃声响过才到教室，而且喜欢参与打架。同学们对他十分不满，任课教师也大为光火，班主任更是忍无可忍，上报学校要将他开除。但校长并不同意，而是要教务主任调查情况。通过调查，了解到他在初中时，老师称他为“老油条”“草包”“笨猪”，同学也不大去理睬他。还了解到他父母离异，判给爸爸，而爸爸又再婚，生了一个儿子。这样的家庭导致他从小无人管教，没有享受过家庭的温暖和父母的关爱，因而就产生了破罐子破摔的念头，对周围的一切都漠然置之。突然之间学校中再也没有人觉得他可恶了，还特地为他召开了一次题为“自信、自爱、发愤图强”的主题班会，特意安排他多参加集体活动表现自己。这样，使他体会到了集体的温暖、自身的价值，从而改掉了身上的不良习气。

我们在与人相处的时候，关键是你不能钻牛角尖，老往坏处想“这个人太讨厌了”或“我非得教训他一顿不可”，这样会使你更加愤怒而气上加气、不能自拔。

当我们毫不顾虑地伤害别人的自尊之前，只需要几分钟的思考，一两句体恤的话，一点点对对方态度的真实了解，对于防止这种伤害，都有莫大的帮助！

◎ 说话办事多留余地

留余地包含两方面的意思：一方面，给别人留余地，无论在什么情况下，也不要把别人推向绝路，万不可逼人于死地，迫使对方做出极端的反抗，这样一来，对彼此都没有好处；另一方面，给自己留余地，让自己行不至于绝处，言不至于极端，有进有退，以便日后更能机动灵活地处理事情，解决复杂多变的问题。

某报社的主编交给新来的记者王心一个重要的采访任务，同时，主编告诉他："这件采访工作在实施时存在一定的困难……"正当主编要详细地向他介绍一下时，王心却拍着胸脯说："没有问题，包您满意。"三天以后，没有听到任何动静，主编便问他采访进展得怎么样？进度如何？他才不得说："不像想象的那么简单。"

虽然主编也知道这个采访不会很轻松，但对王心当时轻易地拍胸脯表态却大为反感，从而对他这个人的能力也产生了怀疑。

生活中有很多事情我们无法预料它的发展态势，有的也不了解事情的发生背景，切不可轻易地下断言，不留余地，使自己一点回旋都没有。

有次，赵刚与同事有了点摩擦，很不愉快，便对同事说："从今天起，我们断绝所有关系，彼此毫无瓜葛……"这话说完还不到两个月，这位同事成了他的上司，赵刚因讲过过重的话很尴尬，只好辞职，另谋他就。

因把话讲得太满，而给自己造成窘迫的例子到处可见。把话说得太满，就像把杯子倒满了水一样，再也滴不进一滴水，否则就会溢出来。打满了气的气球，再充就要爆炸。

凡事总会有意外，留有余地，就是为了容纳这些"意外”。杯子留有空间，就不会因为加进其他液体而溢出来；气球留有空间便不会爆炸；人说话留有余地，便不会因为“意外”的出现而下不了台；做事留有余地从而可以从容转身。

我们可以见到一些政府官员在面对记者采访时偏爱用一些模糊语言，如可能、尽量、研究、或许、评估、征询各方面意见……他们之所以运用这些字眼，就是想为自己留有余地。否则一下把话说死了，结果事与愿违，那该多难堪呀！

那么，怎样才能为自己留有余地呢？

对别人的请托可以答应接受，但不要“保证”，应代以“我尽量”“我试试看”的字眼；上级交办的事当然接受，但不要说“保证没问题”，应代以“应该没问题，我全力以赴”的字眼。这是为万一自己做不到留后路，而这样回答事实上又无损你的诚意，反而更显出你的审慎，别人会因此更信赖你。即使事没有做好，也不会怪罪你。

◎ 会说善意的谎言

我们从小就受到这样的教育：要说真话，不说假话。可是如果一味这样去做，在现实中就会寸步难行。生活中有时候需要善意的谎言，但要把握好“说谎”的尺度。如果善意的谎言能让事情圆满解决，为什么不去尝试呢?

美国作家欧·亨利写过一篇题目为《最后一片叶子》的短篇小说，它的故事是这样的：

在某公寓的一个房间里，住着一位身患重病的女人。她的房间外有一棵树，树叶在秋风的摇曳下，一片一片地飘落下来。病人守望着落叶，身体也随之每况愈下，一天不如一天。她想：当树叶全部掉完时，我也就要死了。女病人的邻居老画家得知后，被这种悲泣深深打动了，他用画笔画了一片能够以假乱真的叶子，固定在树枝上。寒冷的冬天到了，只有那片叶子还孤零零、顽强地挂在高高的树枝上。那位濒临死亡的女病人守望着那片唯一的树叶，心想那片叶子是那么的顽强，能在寒风中傲立枝头，自己的生命也不能那么脆弱，是上帝为她留下了一片叶子，让她重新看到了生命的希望。于是她坚强地活了下来。

作为医生，面对一个生命垂危的重症患者，经常会宽慰病人说：“只要配合治疗，很快就会康复。”而几乎没有一个医生会对病人说：“你根本没有希望了，很快就会死。”同样，亲友在去探望病人时，即使知道他活不了几天了，也要他与医生配合，把谎话接着编下去，让病人满怀信心地接受治疗。因为经常保持快乐的心情往往会创造出生命的奇迹，即使没有奇迹出现，让病人在生病的日子充满快乐和希望也是一种人道精神的表现。这个时候，你不撒谎，还能做些什么？

在面对病人时，谎言必不可少，在教育方面，适当的谎言也会对人产生积极的影响。

教育学家通过研究发现，教师如果善用美好的谎言鼓励学生，学生则会树立信心，并且真正有所进步。

曾经有人做过这样的试验：把学习能力、成绩相当的初一学生分成三个小组，第一组经常表扬与称赞；第二组经常给以责备和批评；第三组既不表扬和称赞，也不责备和批评。

在授课时，让三个组的学生做一些具有相同难度的数学练习题。这个实验连做了一个学期，得出的结论是：第一组学生的成绩在不断上升；第二组学生开始有一些进步，后来就逐渐地停滞不前了，学习效果很差，以至于有人开始厌学；第三组学生最初成绩有所上升，以后成绩就开始停滞不前了。可见，能使学生实力倍增的谎言格外受到欢迎。

大学教授们经常给学生写一些推荐信，或是用来向国外学校申请奖学金，或是用来到人才市场上参与激烈的职业竞争。如果学生的确是顶尖的人才，那便不必多说，照实写就是了。倘若教授诚恳地指出该学生不是那种出类拔萃的顶尖人才，通常接受推荐的一方就可能理解为该学生是个差劲的学生。如果这样做，他的推荐信可能伤害这个学生，使其失去深造的机会或难以找到工作，甚至对其一生都会产生不良后果。所以，教授们提笔写推荐信时，必定在其中夸奖学生的成绩和能力。你可以认为这是在撒谎，但这样的善意的谎言是必要的。

还有一类谎言是社会礼仪中必须说的奉承话，这些话里大都含有水分，或夸张或空话连篇。听着那些千篇一律的空话套话，虽然心里并不一定十分愉快，但人们如果缺少这些空话与谎话，社交礼仪就无从谈起了。

礼节性语言和奉承话可给人们的幻想与虚荣心带来极大的满足，使人从困境与艰难中摆脱出来。它让人觉得自己在别人的生活中是受到尊重与重视的，因此它是人们生活中必不可少的。卢梭在《忏悔录》中曾经这样说："我从没有说谎的兴趣，可是，我常常不得不羞愧地说些谎话，以便使自己从不同的困境中解脱出来。有时为了维持交谈，我迟钝的思维、干枯的话题迫使我虚构一些事情以便有话可说。"

林语堂先生也曾说过：“什么是中国人的教养？我一直苦苦思索，于是发现了以下三点：一、说谎；二、具有像绅士一样说谎的能力；三、以幽默感理解自己心境的平静，并且对地球上的任何事物都不过于热衷。”

人，总是要面对生活的。生活中，真实是重要的，真诚更加重要，这对人生、对社会无疑是有更大价值的。然而，我们所处的社会是纷繁复杂的，大家都是凡人，都期望能出人头地。

每个人心中都有这样或那样的欲望和念头，不加选择，不分对象，不分场合把什么都和盘托出，那只会被人当成“笨蛋”“傻瓜”来看，只有把握一定的原则，把握好其中的分寸，你才会成为一个受人欢迎的人。

◎ 语言简洁明快，不要啰唆

“哎呀，悟空你也真调皮呀，我叫你不要乱扔东西呀！哎，乱扔东西可是不对的……哎呀，我还没把话说完，你怎么把棍子也给扔掉了？月光宝盒是宝物，乱扔它会污染环境。嗳，砸到小朋友怎么办？就算砸不到小朋友，砸到花花草草也不好嘛！”

看到唐僧这段经典的话，你可能会忍俊不禁。唐僧的话是虚构出来的，但事实上还真有人堪与唐僧媲美：

2003年，时任美国国防部长的唐纳德·拉姆斯菲尔德获得了英国“推广简洁英语运动”组织向他颁发的年度“不知所云”奖。因为他曾经在一次记者招待会上谈到伊拉克是否有大规模杀伤性武器时，说了一段流传很广的“名言”：“我一向对尚未发生的事情的有关报道感兴趣，因为就像我们都知道的那样，有一些众所周知的事情。我们知道一些我们知道的事情，我们不知道很明显未知的事情。那就是说，我们知道有些事情我们不知道。但也没有人知道未知的事情——也就是我们不知道未知的事情。”

这位部长简直比唐僧还厉害，我们根本就不知道他在说些什么。作为笑话或者新闻看起来挺不错，但如果现在有这样一位活宝在你耳边不停地碎碎念，相信滋味一定不太好受。

一位从小在一块长大的朋友，多年不见，说要来看玛丽，玛丽高兴之余，力邀其到家里住。刚开始朋友不愿意，说怕打扰玛丽和家人的生活，玛丽说家里有客房，没关系。于是，朋友来了，还带来了一位玛丽不认识的朋友小红。

小红很喜欢说话，而且说的话至少可以重复5遍。那样的重复不是口语化的重复，而是怕你听不懂或她已经忘记她说过了的重复。

刚开始，出于礼貌，玛丽还能不厌其烦地坚持听她一次次地重复、一遍遍地叙述，到了后来，玛丽的听觉神经终于再也承受不住，只要她一重复叙述，玛丽就赶紧躲到一边去。可她说话的声音不仅大，而且穿透力特强，躲到书房里关起门来还能听到她的声音。她在玛丽家的两天里，玛丽家的每个角落几乎都充满了她的声音。

因为小红喜欢说话，所以她的电话也就特别多，而且每个电话至少都要说上10分钟。

有一次，她给她的一个朋友电话，电话足足打了近40分钟，可来来去去就是那么几句话，重重复复就是那么一件事。

当她放下电话之时，朋友终于忍不住，说："小红，我感觉你有点啰唆，你还没到更年期呢。"

听罢朋友的话，小红说："不是我啰唆，是她们不理解我的意思，我必须说清楚。"于是，她便也就这样一遍遍地跟玛丽和朋友解释，说她不是啰唆……真是令人烦透了！

她在玛丽家的两天里，玛丽已经被她富有穿透力的声音折腾得筋疲力尽。如果再继续这样下去，玛丽非崩溃不可！好在第三天朋友把她带走了。

就在她走出玛丽家的刹那，玛丽整个人一下就轻松起来，有一种如释重负的感觉。

是不是觉得玛丽很可怜，小红很讨厌？那么就引以为戒吧。

啰哩啰唆的人的确让人头疼。可是生活中就是有这样的人，明明一句话能讲完的事非要长篇大论，废话连篇，毫无重点，让人听着摸不着头脑。而当事人还根本对自己的毛病毫无察觉，自顾自享受表达的乐趣，全然不顾听众是如坐针毡。

清代小说《镜花缘》中有这样一个故事，林之洋、唐敖几个人在一家酒楼喝酒，酒保错把一壶醋给了他们，林之洋喝了一口，忙喊："酒保，错了，把醋拿来了。"这时旁座的一个老儒连连摆手，示意他不要喊，接着说道："今以酒醋论之，酒价贱之，醋价贵之。因何贱之？为何贵之？其所分之，在其味之。酒味淡之，故而贱之；醋味厚之，所以贵之。人皆买之，谁不知之。他今错之，必无心之。先生得之，乐和如之！——弟既饮之，不该言之。不独言之，而谓误之。他若闻之，岂无语之？苟如语之，价必增之。先生增之，乃自讨之，你自增之，谁来管之。但你饮之，即我饮之；饮既类之，增应同之。向你讨之，必我讨之；你既增之，我安免之？苟亦增之，岂非累之？既要累之，你替与之。你不与之，他安肯之？既不肯之，必寻我之。我纵辩之，他岂听之？他不听之，势必闹之。倘闹急之，我唯跑之——跑之，跑之，看你怎么了之！”

不知道你看了是什么感觉，这种滥用“之”字且废话连篇的行径，简直就是在折磨别人。

在生活中，你是否经常会看到类似的现象：一位妈妈三番五次地对孩子说“你要把你的屋子收拾干净”，可孩子将妈妈的话当作耳旁风，屋子杂乱依旧；妻子不知疲倦地提醒丈夫“你该戒烟了”，可丈夫依然吞云吐雾……造成这些现象的原因，就是刺激过多、过强、过久，超过了合理的限度，引起了人们心理极不耐烦或反抗的情绪，使事物朝相反方向发展。心理学上将这一行为称作“超限效应”。

由此可见，我们如果希望自己说的话能够在别人身上起作用，就不能采取简单的重复，而是换个角度、换种说法，将对方的厌烦心理、逆反心理减到最低，到那时，你也许能真正体验到“一语千金”的威力。

◎ 闭上嘴巴，乱说招惹是非

苏东坡曾经留下过这样一首诗："高山石广金银少，世上人多君子稀。相交不必尽言语，恐落人间惹是非。"

"相交不必尽言语"，就是这个道理。很多时候，我们谈兴甚浓，于是海阔天空无所不谈，画蛇添足或是把一些完全不该说的话和盘托出。这样岂能不惹是非？

林丽不久前刚刚生了一个孩子。一天，她和另一个办公室的小杨迎面遇到了。小杨出于礼貌，打招呼说："你来上班了？真辛苦啊！你生的小孩还可爱吧？"

说完之后，小杨立即意识到了自己的话语有些欠妥，因为没有谁认为自己的孩子是不可爱的，而你还要再去强调这个问题，必然引起对方的不快。果然，林丽就说："谢谢！你早点生孩子不就知道可爱不可爱了！"而小杨是一个30多岁，还没有婚史的人。林丽也多说了后面这一句话，刺伤了小杨的自尊，加深了两个人之间的误会。如果她们都能适可而止吞下后面的一句话，就不会造成彼此的不愉快了。

在与人交往中要做到吞下不该说的话，应该具备这样的心态：就算你是全世界最自我的人，也要懂得尊重别人。不要以为吞下自己最后一句话就不自我，其实这样才是真正懂得保护自己。

适时地闭上你的嘴巴，你会看起来更加可爱。不要罔顾别人的想法而肆意倾倒你的垃圾信息，更不要随便对一个不熟悉的人卖弄你的小道消息和私人问题。

小心那些只听不说的人，或许是因为害羞，或许是他们别有用心。在询问式和操纵式的倾听中，要学会分辨同情理解或居心叵测的耳朵。

尤其要注意的是，在办公室这个弹丸之地中，此起彼伏的流言蜚语，其杀伤力之强简直匪夷所思。如何在办公室里保护好自己，实在是一门大学问。下面这些内容是你不得不学的：

别在办公室谈论自己的私事，或是在同事间散播别人的八卦，这两种行为都会不自觉把自己推入危险的境地。但你绝对应该张大耳朵，封紧嘴巴，“有耳无嘴”不只是大人教训小孩子的话，也是办公室的生存法门之一。

八卦一向是同事间联络感情最佳的共同话题，尤其在茶水间、洗手间这两间“谈话室”里，往往是众家流言的最大集散地，也是大家说老板坏话的“秘密花园”。然而，就算你在办公室受了多大冤屈，苦水满腹，都不应该向同事诉苦。原因有二：其一，牢骚如同狐臭，人人避之唯恐不及，没有人有义务当你的情绪垃圾桶；其二，办公室不是你找心理医生的地方，有些人会以为互相交换心事是两人结盟的保证，但万一有一天两个人不再是朋友呢？过去的秘密可就成了对方手上的把柄了。

因此，不论你跟老板私交多好，或是心结多深，都不要在公司里张扬。如果你条件不错，工作认真，也交出了漂亮成绩，一定不希望自己努力的成果被归因于跟上司的“特殊关系”吧！万一你跟上司有误会或摩擦，被有心人知道了，难保不会成为被利用的话题或炒作的题材，两者对你一点好处都没有。

八卦可以多听，但不能多讲，最好只进不出。所谓“祸从口出”，口水是名副其实的“祸水”，不管是泄露自己的私事，或转述听来的是非，都可能让自己陷入言多必失的危险。更要不得的是以成为八卦中心为荣，到处打探小道消息，当心变成被利用的对象还不自知。

避免敏感话题。不要去探究别人的年终奖金之类的问题，对于此类问题，别人喜欢对你打哈哈，而你自己也不会喜欢告诉别人。所谓“己所不欲，勿施于人”，就是这个道理。

不要随意对同事发牢骚，诉说对公司制度的不满，小心传到老板的耳朵里，落得连申辩的机会都没有。

雄心大志要藏好。大张旗鼓地告诉全天下人你要坐上某某职位，这无异于向同僚乃至你的上司宣战。小心“壮志未酬身先死”。

上司如果对你发火了，你要维持自身一贯的作风，做到不卑不亢，应对有术。最后可以告诉你的上司，你已经做好听的准备了，请他坦诚地说好了。这样你反而会起死回生。但如果是你的错误，请你恳切地道歉，弥补自己的过失。

◎ 超级聊天术：把握分寸，不轻易许诺

为人处世，应当讲究言而有信，行而有果，不可信口开河，轻易应承。明智者事先会充分地估计客观条件，尽可能不做那些没有把握的承诺。

不要轻易许诺，因为当对方没有得到你的承诺时，他不会心存希望，更不会毫无价值地焦急等待。相反，你若承诺，无疑在他心里播种下希望。此时，他可能拒绝外界的其他诱惑，一心指望你的承诺能兑现。一旦你给他的希望落空，那将是扼杀他的希望，结果很可能毁灭他已经制订的美

好计划，或者使他延误寻求其他外援的时机。

这样，别人会因为你不能信守承诺而不再信任你，也不愿再与你共事，不愿再与你打交道，那么，你在别人的心里就是一个没信用的人，对你会造成很坏的影响。所以，如果承诺某事，就必须办到，如果你办不到，或不愿去办，就不要轻易承诺。

成功人士很注重“承诺”这个细节。他不会轻易承诺某一件事，即使有把握，也不会轻易承诺。

而生活中有许多人都把握不了承诺的分寸，他们的承诺很轻率，不给自己留下丝毫的余地，结果使许下的诺言不能兑现。

某高校一个系主任，向本系的青年教师许诺说，要让他们中2/3的人评上中级职称。但当他向学校申报时，出了问题，学校不能给他那么多的名额。他据理力争，跑得腿酸、说得口干，还是不能解决问题。他又不愿意把情况告诉系里面的教师，只对他们说：“放心，放心，我既然答应了，一定会做到。”

最后，职称评定的情况公布了，众人大失所望，把他骂得狗血喷头，甚至有人当面指着他说：“主任，我的中级职称呢？这可是你答应的呀！”

而校领导也批评他是“本位主义”。从此，他在系里信誉扫地，校领导也对他失去了好感。

现实生活中，不要轻易许诺，如果不得不许诺时，应给自己留一定的余地。当然，这种留有余地不是给自己不努力寻找借口，而是避免承诺兑现不了的诺言让自己尴尬或贻人口实。